중국
사해신탁제도에
대한 연구

김
춘
매 金春梅 JIN CHUNMEI

서울대학교 법학박사과정 수료

아시아태평양법
연구시리즈 **10**

중국
사해신탁제도에
대한 연구

김춘매

민속원

머리말

　신탁은 재산관리에서 출발하여 현대사회에 들어서서 날로 다양화하고 복잡해지는 상거래에서도 유용한 기구로 활용되고 있으며 나아가 금융거래의 기초법리로 자리잡게 되었다. 이와 같이 신탁이 광범위하게 활용될 수 있는 것은 그 특유의 제도적 장점 때문이다. 이에 신탁법이 영미법 고유의 산물로서 대륙법계 국가에서는 생소한 개념이었지만 지금은 널리 도입하게 되었다.
　중국은 2001년에 신탁법을 제정하였다. 신탁법은 신탁의 사법적 법률관계를 정하는 법률로 제정되었고 신탁업에 대한 규제는 별도의 행정법규인 「신탁회사관리방법」을 통해 규율하고 있다. 그러나 신탁법의 제정 배경 및 제정 이후 개정이 전혀 없는 관계로 법조항 내용의 구체성이 떨어지고 법해석이 체계적이지 못하는 문제점을 가지고 있다. 따라서 신탁에 대한 규율이 변화된 경제현실과 국제적 기준에 부합하지 못하는 것이 실정이다.
　한편, 요즘에는 고령화가 빠르게 진행되고 있는 인구구조의 변화와 다양한 재산관리수단의 필요성 등으로 인하여 신탁의 대중화가 강조되고 있는 단계에 들어섰다. 앞으로 신탁의 이용범위와 이용하는 인구가 확대됨으로서 신탁 관련 분쟁도 늘어날 것이고 그 쟁점들 또한 구체적이고 복잡하며 까다로울 것으로 예상된다. 이와 동시에 신탁법리에 대한 이해가 보편화되면서 그 긍정적 기능의 발생은 물론이겠지만 그 부정적 기능에 대해서도 경각해야 할 것이다. 위탁자의 측면에서 볼 때, 채무면탈의 목적으로 신탁법리를 악용하는 경우가 증가되는 문제, 위탁자의 채권자의 측면에서 볼 때에는 채권자들이 사해신탁취소소송을 남발하는 경향이 발생하는 문제가 불거질 수 있다. 이 책은 신탁을 남용하는 행위 중 위탁자형 행위를 중심으로 중국 사해신탁제도와 관련하여 장래에 당면할 수 있는 문제점을 고찰하고자 한다.

사해신탁에 관한 논의는 '위탁자의 채권자'와 '수익자'의 이익을 비교형량하는 데서 출발해야 한다. 따라서 사해신탁취소권의 성립요건을 구성함에 있어서도 양자의 이익균형에 초점을 두어야 할 것이다. 취소의 요건이 과도하게 간단한 경우에는 채권자가 용이하게 사해신탁취소권을 행사할 수 있기에 사해신탁취소소송의 남발은 수익자보호에 취약하고 동시에 간접적으로 신탁설정을 제한하는 효과가 발생한다. 이에 반해, 취소의 요건이 과도하게 엄격한 경우에는 수익자에 대한 보호는 강화되었지만 사해신탁취소권을 행사하기 상당히 어렵기에 채무자가 신탁을 남용하여 재산 은닉을 통한 채무를 면탈하는 현상이 성행할 수 있다. 중국의 사해신탁제도는 채권자 쪽으로 치우쳐 있다.

한편, 신탁당사자와 그들의 채권자가 갖고 있는 권리의 내용은 서로 독립적인 것이 아니라 밀접하게 연쇄적으로 관계되기 때문에 균형적이고 합리적인 이익조정이 극히 중요하다. 그러나 중국의 현행 사해신탁제도는 구체성이 떨어지고 각 이해관계자들 사이의 이익관계를 균형있게 다루지 못하고 있다. 그러므로 현행법을 개선하기 위한 사해신탁취소권에 대한 적극적인 법 해석과 예측가능성을 확보할 수 있는 조문의 재구성이 필요하면서도 시급하다.

이 책은 필자가 2022년 8월에 발표한 서울대학교 법학석사 학위논문을 책으로 엮은 것이다. 이 자리를 빌어 따뜻하고 아낌없는 지도를 해주신 서울대학교 정순섭 교수님께 깊은 감사를 드린다. 또한 이 책을 서울대학교 아시아태평양법연구소 연구총서의 한 권으로 출판할 수 있도록 지원해 주신 서울대학교 아시아태평양법연구소 전종익 소장님께 감사드린다.

2025년 가을
김춘매

차례

머리말 5

제1장 | 서론　　　　　　　　　　　　　　　　　　　　　13

제1절 연구의 배경　　　　　　　　　　　　　　　　　　13
제2절 연구의 목적　　　　　　　　　　　　　　　　　　19
제3절 연구의 구성　　　　　　　　　　　　　　　　　　19

제2장 | 사해신탁취소권의 의의　　　　　　　　　　　　　21

제1절 서언　　　　　　　　　　　　　　　　　　　　　21
제2절 의의　　　　　　　　　　　　　　　　　　　　　22
제3절 구별　　　　　　　　　　　　　　　　　　　　　24
　　Ⅰ. 민법상 채권자취소권 ──── 24
　　　　1. 내용 ········ 24
　　　　2. 채권자취소권의 요건 ········ 25
　　　　3. 채권자취소권의 행사와 효과 ········ 28
　　　　4. 사해신탁취소권과의 관계 ········ 29
　　Ⅱ. 기업파산법상 부인권 ──── 34
　　　　1. 내용 ········ 34
　　　　2. 부인권의 요건 ········ 36
　　　　3. 부인권의 행사 ········ 38
　　　　4. 부인권의 효과 ········ 42
　　　　5. 사해신탁취소권과의 관계 ········ 44

제3장 | 사해신탁취소권의 성립요건　　　　　　　　　　　**47**

제1절 서언　　　　　　　　　　　　　　　　　　　　　　47

제2절 사해신탁의 성립　　　　　　　　　　　　　　　　　48
　　Ⅰ. 성립과 사해신탁취소권 —— 48
　　Ⅱ. 중국에서의 논의 —— 48

제3절 피보전채권의 존재　　　　　　　　　　　　　　　　49
　　Ⅰ. 피보전채권의 내용 —— 49
　　Ⅱ. 피보전채권의 성립시기 —— 51

제4절 사해성　　　　　　　　　　　　　　　　　　　　　53
　　Ⅰ. 사해성의 의미 —— 53
　　Ⅱ. 사해성의 판단기준 —— 55
　　　　1. 타익신탁 ········ 55
　　　　2. 자익신탁 ········ 56
　　Ⅲ. 사해성의 판단시기 —— 58

제5절 한국 사해신탁제도와의 비교　　　　　　　　　　　　58

제4장 | 사해신탁취소권의 행사와 효과　　　　　　　　　**63**

제1절 사해신탁취소권의 행사　　　　　　　　　　　　　　63
　　Ⅰ. 행사범위 —— 63
　　Ⅱ. 행사방법 —— 65
　　Ⅲ. 제척기간 —— 66

제2절 사해신탁취소권의 효과 66
  I. 취소의 효과 —— 66
  II. 수탁자와 전득자 —— 67
  III. 수익자와 전득자 —— 68

제3절 한국 사해신탁제도와의 비교 69
  I. 사해신탁취소권의 성질 및 효과 —— 69
  II. 사해신탁취소의 소의 성질 —— 70
  III. 취소의 상대방 —— 70
  IV. 수익권양도청구권 —— 73
   1. 의의 ········ 73
   2. 내용 ········ 75
   3. 효력 ········ 77
   4. 중국법상 도입 의의 ········ 77

제5장 | 중국 사해신탁제도의 개선방안 81

제1절 서언 81

제2절 선의의 수익자의 이익보호 강화 82
  I. 문제점 —— 82
  II. 입법례 —— 83
   1. 한국 ········ 83
   2. 일본 ········ 87
  III. 중국 신탁법 —— 90
  IV. 검토 —— 91

제3절 선의의 수탁자에 대한 보호 ... 93
 Ⅰ. 의의 —— 93
 Ⅱ. 한국 신탁법 —— 94
 Ⅲ. 중국 신탁법 —— 98
 Ⅳ. 검토 —— 98

제4절 선의의 신탁채권자의 보호 ... 99
 Ⅰ. 의의 —— 99
 Ⅱ. 입법례 —— 100
  1. 한국 ········ 100
  2. 일본 ········ 104
 Ⅲ. 중국 신탁법 —— 106
 Ⅳ. 검토 —— 106

제5절 수익자에 대한 수익양도청구권의 도입 ... 108
 Ⅰ. 의의 —— 108
 Ⅱ. 입법례 —— 109
  1. 한국 ········ 109
  2. 일본 ········ 110
 Ⅲ. 중국 신탁법 —— 111
 Ⅳ. 검토 —— 111

제6장 | 결론 ... 115

참고문헌 117

01
서론

제1절
연구의 배경

신탁은 영미법 특유의 법리로 발전되어 왔지만 대륙법계 국가에도 널리 도입되었다.[1] 대륙법계에 속하는 중국에서는 20세기 초에 신탁이 최초로 등장하였고[2] 그 이후로 계획경제체제 하에서 신탁의 발전이 한동안 중단되었다가 개혁·개방 정책[3]이 시행되

---

[1] 영미신탁에서 수탁자에게 커먼로상 소유권(legal ownership)이, 수익자에게 에퀴티상 소유권(equitable ownership 또는 beneficial ownership)이, 즉 이중소유권이 인정되는 데 반해, 대륙법계 국가에서는 완전성과 배타성을 내용으로 하는 절대적 소유권 개념을 원칙으로 한다. 이는 영미신탁법리를 대륙법계 국가에 계수하는 데 가장 극복하기 어려운 장애물이 된다. 이연갑, 『신탁법상 수익자 보호의 법리』, 경인문화사, 2014, 6~8쪽.

[2] 唐谷军,「中国信托投资的历史与现状分析」,『生产力研究』, 山西社会科学报刊社, 2012年第9期, 73頁; 武飞,「中国信托业发展的历史演进」,『浙江金融』, 浙江省金融学会, 2013年第8期, 49頁.

[3] 중국의 경제체제가 절대적 계획경제 체제로부터 사회주의 시장경제 체제로 전환되는 기점은 1978년 개혁·개방 정책의 시행이라고 할 수 있다. 경제체제 전환이 점진적으로 전개되는 과정에서 개혁·개방 초창기에는 계획경제를 위주로 시장메커니즘을 유기적으로 결합하는 체제의 구축을 목표로 하였다. 따라서 농촌 및 도시와 대외경제 등 각 분야에서

면서 1979년 10월에 중국국제신탁투자회사[4]가 설립됨으로써 신탁업이 재개되었다. 이어서 전국적으로 신탁업을 맹목적으로 확장하는 붐이 일어났다.[5] 당시 신탁업무를 경영하는 주체로는 주로 ① 국유은행이 설립한 신탁회사, ② 지방정부가 설립한 신탁회사, ③ 국무원 소속 각 부(재정부, 대외경제부 등)가 설립한 신탁회사, ④ 일반기업이 설립한 신탁회사, ⑤ 국유은행의 신탁부문 등이 있었다.[6] 짧은 시간에 다수의 신탁회사가 생겨나면서 금융시장의 혼란을 일으키게 되자, 정부당국은 1982년[7]과 1985년[8]에 신탁업무 및 그 경영주체에 대해 정리하였다. 신탁업무를 영위할 수 있는 자를 원칙상 국유은행이 설립한 전업사와 국유은행의 신탁부문으로 한정

과감하게 개혁을 추진되었고, 특히 지방과 공업·농업 기업에게 어느 정도의 자주적 경영권을 부여하는 것과 도시 지역에서 외자의 적극 유치가 장려되는 정책은 신탁의 발전을 위해 유리한 시장환경을 마련해 주었다. 巫云仙,「新中国金融业70年-基于制度变迁和改革开放的历史逻辑」,『政治经济学评论』, 中国人民大学, 2019年第10卷第4期, 71頁; 余励娟,「试论信托投资公司在世纪之交的生存与发展」,『经济体制改革』, 四川省社会科学院, 1999年第S2期, 98頁; 熊伟,「我国金融制度变迁过程中的信托投资公司」,『经济研究』, 中国社会科学院经济研究所, 1998年第8期, 55頁; 金建栋·马鸣家,『中国信托投资机构』, 中国金融出版社, 1992, 238~239頁.

[4] 중국국제신탁투자회사는 개혁·개방 초창기 때 대외개방 영역에서 창구적 역할을 담당하는 기업으로써 외국의 자금을 끌어들여 국내에 투자하는 방식으로 국가경제에 활력을 불어넣었다. 2011년에 국유독자기업으로 전환하면서 상호를 '중국중신그룹유한회사'(CITIC Group)로 변경하였다.

[5] 中国人民银行,『中国金融稳定报告(2020)』, 51頁.

[6] 金建栋·马鸣家, 앞의 책, 1992, 262頁.

[7] 국무원(国务院)은 1982년 4월 10일에「关于整顿国内信托投资业务和加强更新改造资金管理的通知」(국발[1982]61호)를 발표하였다. 통지문에서는 "국무원 및 국무원 수권(授权) 기관의 인가를 받은 신탁회사"만 신탁업무의 영위를 허용하고 지방의 신탁업무를 중단시켰다. 그리고 향후 신탁업무는 일률적으로 중앙은행인 인민은행과 국유은행에게만 허용한다는 방향을 제시하였다. 여기서 인민은행과 국유은행에게만 신탁업무를 허용한다는 것은 신탁업무의 경영 주체가 해당 은행 내부 신탁부문 뿐만 아니라, 해당 은행이 설립한 전업사도 포함한다는 의미이다.『中国人民银行关于专业银行设立独立信托投资机构后继续办理信托业务问题的复函』(은복[1987]347호)에서도 그 근거를 찾아볼 수 있다.

[8] 1984년에 들어 설비자금 신탁대출 급증세가 통제 불능으로 치닫게 되자, 인민은행이『中国人民银行关于立即停止发放信托贷款和停止办理信托投资的通知』(1985.9.17.)를 발표하여 신탁대출 및 투자업무를 잠시 중단시키고 불합리한 대출을 회수하고 신탁업무에 대해 정리하였다.

시켰다. 그러나 신탁회사의 수는 여전히 증가세를 나타났고 1988년에 745개사에 달하였다. 국유은행의 주도 하에 영위되어 온 신탁업은 설비자금의 공급 및 은행 수신의 보조수단으로서 금전신탁 위주로 성장해왔다.

그러나 국유은행이 주도하는 신탁업 구조는 1993년까지만 지속되었다. 1980~90년대 중국 경제는 개혁·개방 정책하에 급성장세를 보이면서 대출규모가 통제불능의 상황에 이르게 되자 정부당국은 은행의 대출규모를 제한하였다. 은행은 이러한 제한을 회피하기 위하여 우회적으로 먼저 그 소속 신탁회사에게 불법대출하고 신탁회사가 다시 고객에게 대출하는 수단을 이용하였다. 금융시장 질서의 확립을 위하여, 정부당국은 1993년에 은행의 신탁업 겸업을 폐지함으로써 신탁업과 은행이 분업 경영할 것을 요하였다.[9] 이로써 신탁업이 형식상으로는 은행으로부터 분리되었지만, 은행에 의존하여 발전해왔기 때문에 완전한 독립은 어려웠고, 자금원과 고객은 모두 은행과 연결되어 있는 통로역할만 하는 통로형 신탁업무를 주된 업무로 발전해왔다. 따라서 정부당국은 이러한 문제점을 인식하고, 통로형 신탁에 대한 축소 노력을 지속적으로 추진해왔다.

2001년부터 신탁에 대한 제도적 규제체제가 구축되기 시작하였다. 같은 해 4월, 사법적 법률관계를 정하는 「중화인민공화국신탁법」이 제정되었고, 2002년에 신탁업을 규제하는 「신탁투자회사관리방법」과 「신탁투자회사의 금전신탁에 관한 임시방법」이 중앙은

---

[9] 국무원은 1993년 12월 25일에 『国务院关于金融体制改革的决定』(국발[1993]91호)를 발표하였다.

행인 인민은행에 의해 공포되었다. 그러나 신속하게 변화되는 경제현실에 따라 발전하고 있는 신탁실무에 비해 신탁업에 대한 규율이 많이 뒤떨어지고 있다는 이유로 은행감독관리위원회[10]가 2007년에 기존 신탁업에 대한 규범을 폐지하고 대신 「신탁회사관리방법」과 「신탁회사의 집합자금신탁에 관한 관리방법」을 새롭게 공포함으로써 신탁업의 진입규제, 영업범위규제, 동일인 관련자 거래 규제와 퇴출규제 등의 근거를 명확히 하였다. 법체계상 신탁업을 규율하는 제정법이 존재하지 않음으로 감독당국이 시장의 변화 및 정책적 수요에 따라 신탁업에 대한 규제제도를 구축하는 데 많은 노력을 투입하였다.

이후 신탁업은 2007년부터 2017년까지 10년 동안 신탁자산 규모의 가파른 증가세를 나타내며 2012년에 들어 그 규모가 은행업의 뒤를 이어 2위 규모로 성장하게 되었다. 은행업, 보험업과 증권업이 중심이었던 기존 금융환경이 은행업, 보험업, 증권업 그리고 신탁업 4대 축으로 재편되었다고 볼 수 있을 것이다.[11] 이와 같이 중국 신탁실무는 상사신탁 특히 금융신탁을 중심으로 발전해왔다.

신탁자산 규모는 2017년 말에 최고점을 찍은 뒤 하향세로 돌아섰다. 이는 금융당국의 「금융기관의 자산관리업무를 규범화 하기 위한 지도의견」과 "채권형 신탁[12]과 통로형 신탁의 규모를 점차

---

[10] 중국의 은행업 감독기구인 은행감독관리위원회는 2003년 4월에 설립되었고 2018년의 금융관리감독 체제 재편으로 기존의 보험관리감독위원회와 합쳐져서 은행보험감독관리위원회로 새로 출범되었다.
[11] 중국 중앙은행인 인민은행에서 발행하는 「중국금융안정보고서」는 주로 ① 거시경제 운영 상황, ② 금융업 건전성 평가, ③ 거시 건전성 관리 세 개 부분으로 구성된다. 2020년의 보고서에서 금융업 건전성 평가 부분에 처음으로 신탁업에 관한 내용을 특별 주제 형식으로 다루었다.
[12] 중국신탁업협회에서 발표한 "신탁회사 주요업무 데이터"에 따르면, 2010년 4분기 잔액기준으로 금전신탁이 수탁고의 95.13%를, 채권형 신탁은 금전신탁의 59.01%를 차지함으로

감소시키고 부실자산을 확대 정리할 것"이라는 감독정책의 출시에 기인한 것으로 보인다. 이어서 중국경제의 전반적인 구조조정과 그에 따른 금융감독의 강화는 신탁산업 리스크의 노출을 가속시킴으로써 신탁 분쟁건수가 급증하였고 2020년에 최고치를 기록한 것으로 나타났다.[13] 신탁업의 사업구조가 날로 다양화하고 복잡해짐에 따라 신탁 관련 분쟁도 늘어날 것이고 그 쟁점들 또한 구체적이고 복잡하며 까다로울 것으로 예상된다. 아울러, 고령화 추세의 가속화 문제로 민사신탁에 대한 관심이 확대되면서 신탁업의 중요성이 증대되고 있다.

지금의 중국은 신탁법제의 개선과 체계화 작업을 추진해야 하는 단계에 들어섰다는 것이 분명하다. 신탁법은 2001년에 제정된 이후 현재까지 한 번도 개정한 적이 없어 변화된 경제현실과 국제적 기준에 부합하지 못하고 있는 것이 실정이다. 특히 신탁등기제도, 신탁세제, 그리고 사해신탁제도 등에 대한 개정이 시급한데 그중 사해신탁제도에 대한 연구가 특히 부족한 것으로 보인다. 뿐만 아니라, 위탁자의 채권자가 사해신탁취소권을 행사한 판례를 찾아보기도 드물다. 그 이유에 대해 여러 가지를 생각해 볼 수 있겠지만 그중에서 특히 두 가지가 중요하다. 첫째, 신탁법리가 아직 생소한 법개념으로 인식되고 있고 신탁법제는 주로 신탁회사에 대한

써 채권형 신탁의 규모가 신탁업의 반을 초과하였다. 이러한 상황은 2013년까지 유지되었고 2014년부터 그 비중이 하락세를 보였다. 2017년 4분기 잔액기준으로 금전신탁이 수탁고의 83.47%로, 채권형 신탁은 금전신탁의 16.87%로 하락하였다.

[13] PKULAW DB에서 '신탁분쟁'을 안건이유로 검색한 결과는 다음과 같다(2025. 9. 25. 조회).

연도	2016	2017	2018	2019	2020	2021	2022	2023	2024	2025
건수	46	106	118	168	229	138	123	72	101	31

* 선고일자 기준이고 민사신탁, 영업신탁과 공익신탁 분쟁 건수를 합산하였음.

규제에 집중해왔다는 점, 둘째, 신탁법상 사해신탁취소권 관련 조항 내용의 구체성이 떨어지고 법해석도 체계적이지 못하다는 점 등을 들 수 있다.

앞으로 신탁법리에 대한 이해가 보편화되면서 위탁자의 측면에서 볼 때, 채무면탈의 목적으로 신탁법리를 악용하는 경우가 증가되는 문제, 위탁자의 채권자의 측면에서 볼 때에는 채권자들이 사해신탁취소소송을 남발하는 경향이 발생하는 문제가 불거질 것이다. 따라서 현재의 사해신탁제도에 대하여 재검토할 필요성이 있다고 보고, 또한 한국은 중국보다 일찍 신탁법을 도입하였기에 신탁에 관해 전개된 논의의 폭과 깊이가 상대적으로 넓고 깊으며, 축적해온 판례도 비교적 풍부하며, 중국과 동일하게 대륙법계에 속함으로써 영미법계를 중심으로 발달한 신탁의 법리가 대륙법계에 정착하는 과정에서 직면한 문제점과 발전방향에 대하여 참고할 가치가 높다고 본다.

따라서 본 연구에서는 중국 사해신탁제도와 관련하여 장래에 당면할 수 있는 문제점을 고찰하고자 한다. 현재 중국의 사해신탁제도는 주관적 요소를 묻지 않고 객관적 요건만 요하고 있는 사해신탁취소권의 성립요건 구조를 취하고 있기에 채권자가 쉽게 취소권을 행사할 수 있고, 또한 수탁자의 선의여부를 고려하지 않고 사해신탁취소권을 인정하고 있을 뿐만 아니라 그 책임범위에 대해서도 아무런 제한이 없으므로 선의의 수탁자에 대한 보호가 부족하며, 사해신탁에 관한 사안에 있어 채권자는 사해신탁취소권만 행사할 수 있는 구제 수단의 단일성 등 문제점이 존재함으로 이러한 점들을 중점적으로 다뤄보겠다.

제2절
연구의 목적

본 연구는 위와 같은 배경에서 시작되었고, 신탁업의 발전을 추진하기 위해서는 신탁에 관한 법률제도의 지속적인 개선과 체계화 작업에 관한 노력을 떠날 수 없다는 것은 분명하다. 따라서 본 연구는 중국 신탁법상 사해신탁제도를 전면적으로 살펴보는 것을 목적으로 하고, 이를 토대로 한국 사해신탁제도와의 비교를 통해 중국 사해신탁제도에 존재하는 문제점과 개선방안을 파악하는 점에 의의를 둔다.

제3절
연구의 구성

이 책은 다음과 같이 구성된다.

제2장에서는 먼저 중국에서 사해신탁취소권은 어떤 의의를 갖고 있는지와 한국 및 일본에서는 어떻게 사해신탁취소권을 정의하는지 그 차이점을 간단하게 살펴본 후, 사해신탁취소권과 민법상 채권자취소권 및 기업파산법상 부인권과의 관계에 대해 정리하였다.

제3장에서는 중국 사해신탁취소권의 성립요건에 대하여 전반적으로 살펴보고, 다음 한국 사해신탁취소권의 성립요건과 비교하였다. 중국 사해신탁제도의 성립요건은 사해신탁이 성립하였을 것, 피보전채권이 존재할 것, 사해행위의 사해성이 존재할 것 등 객관적 요건만으로 구성되었다. 그러나 한국은 이러한 객관적 요

건 외 주관적 요건도 요하고 있다는 것이 중국과의 가장 큰 차이점이다. 그 주관적 요건에 수탁자의 주관적 요소는 묻지 않고 위탁자와 수익자의 사해의사만 요한다. 여기서 사해의사란 위탁자인 경우는 신탁행위시 채권자를 해한다는 것을 알고 있는지를 말하고, 수익자의 사해의사란 수익권 취득시 수탁자의 신탁행위가 채권자를 해한다는 것을 알고 있는지 여부를 말한다.

제4장에서는 중국 사해신탁취소권의 행사방법과 행사범위를 먼저 살펴본 다음, 그 행사의 효과를 알아보았다. 사해신탁취소권의 성질에 관한 입장이 다름에 따라, 누구를 피고로 하는가, 어떠한 청구를 하는가, 특히 취소권의 효과를 어떻게 해석하는가에 차이가 생긴다. 중국과 한국은 사해신탁취소권의 성질에 대해 입장의 차이가 존재한다. 따라서 한국 사해신탁취소권과 비교연구를 진행하였고, 비교연구의 대상은 소의 성질, 취소 상대방의 선택, 그리고 수익권 양도청구권의 도입 여부 등이다.

제5장에서는 앞에서 살펴본 내용을 토대로, 신탁당사자 및 그들의 채권자들 간의 이익조정을 위한 구체적인 개선방안으로 선의의 유상수익자의 주관적 요건, 선의의 수탁자의 책임범위 제한, 선의의 신탁채권자에게 위탁자에 대한 변제청구권 부여, 악의의 수익자에 대한 수익권양도청구권 도입 등에 관하여 살펴보았다.

제6장에서는 이상의 논의를 정리하여 결론을 제시한다.

02
사해신탁취소권의 의의

제1절
서언

사해신탁취소권은 채권자를 보호하는 목적에서 출발하여 채권자가 채무자의 재산처분행위에 개입할 수 있는 제도라는 점에서 취소권제도의 일종이라고 볼 수 있다. 따라서 그 본질을 설명함에 있어 신탁의 법리를 존중하는 전제에서 뿐만 아니라, 기타 취소권제도와의 관계까지 고려하여 논하는 것이 타당할 것이다. 중국 현행법은 채권자취소를 도산절차의 안과 밖으로 구분하여 규율하고 있고, 도산절차 밖의 취소권은 주로 민법상 채권자취소권이 있으며, 도산절차 안에서의 취소권은 기업파산법상 부인권이다.[1] 이하에서는 중국 신탁법상 사해신탁취소권은 어떤 의의를 갖고 있는

---

[1] 王欣新, 「破产撤销权研究」, 『中国法学』, 中国法学会, 2007年第5期, 148頁; 江平, 『民法学』, 中国政法大学出版社, 2019, 450頁.

지와 한국 및 일본과의 차이점을 간단하게 살펴본 후, 사해신탁취소권과 민법상 채권자취소권 및 기업파산법상 부인권과의 관계에 대해 논의하였다.

제2절
의의

사해신탁취소권은 채무자인 위탁자가 신탁설정을 통해 고의로 자기 재산을 감소함으로써 발생하는 채권자의 불이익을 구제할 필요성에서 출발한 책임재산 보전제도이다.[2] 즉, 채무자가 신탁의 도산격리 기능을 악용하여 채무를 면탈하려는 경우가 종종 발생하게 되는데, 이와 같은 경우에 위탁자의 채권자를 구제하기 위하여 그들에게 채무자가 설정한 신탁을 취소할 수 있는 권리를 부여하였다. 이로써 위탁자와 수탁자 간의 법률관계에 개입할 수 있는 법적 수단을 마련한 것이다. 그러나 이러한 사해신탁제도는 본질상으로는 단순한 법률행위취소가 아니라, 감소한 재산권을 회복하기 위한 제도임에 유의하여야 한다.[3]

여기서 신탁의 도산격리 기능이란 위탁자의 신탁행위로 신탁재산이 위탁자로부터 수탁자에게 이전되면 그 재산은 위탁자의 채권자들에 대한 책임재산으로부터 이탈하기에, 위탁자의 채권자는 신탁재산에 대해 강제집행 등을 할 수 없게 되고, 위탁자가 파산할 때

---

[2] 정순섭, 『신탁법』, 지원출판사, 2021, 175쪽.
[3] 최호석, 『실무자를 위한 신탁법』, 한국법학교육원 올에듀넷, 2014, 96쪽.

위탁자의 파산재단을 구성하지 않는다는 것을 말한다. 이는 신탁재산이 위탁자의 재산으로부터 독립적이기 때문이다.[4] 중국 신탁법 제12조가 규정하는 사해신탁제도의 취지는 채무자의 신탁행위를 취소하여, 수탁자가 재산을 보유하고 있을 때에는 이를 직접 회복하고, 보유하고 있지 아니할 때에는 그 회복에 갈음하는 배상을 하게 함으로써 채무자의 책임재산을 확보하는 데에 있다.

한편 사해신탁의 의의와 관련하여 중국은 같은 대륙법계인 한국, 일본과 차이를 보이고 있다. 한국과 일본 신탁법은 사해신탁취소권에 대하여 "채무자가 채권자를 해함을 알면서 설정한 신탁"이라고 규정함으로써 위탁자의 주관적 사해의사를 명백히 요하고 있다. 반면, 중국 신탁법은 "위탁자가 신탁을 설정함으로써 채권자의 이익을 해하는 경우"라고 규정함으로써(중국 신탁법 제12조 제1항) 신탁의 객관적 사해성만으로 사해신탁을 정의하고 있다. 이는 민법상 채권자취소권과의 조화를 이루기 위한 것으로 생각된다. 양자의 관계에 관해서는 다음 절에서 검토하고자 한다.

---

[4] 오영걸, 『신탁법』, 홍문사, 2021, 157쪽.

제3절
구별

Ⅰ. 민법상 채권자취소권

1. 내용

채권은 채무자의 책임재산으로 변제 받기 때문에 채무자가 사해목적으로 그 책임재산을 처분하여 무자력이 되면 채권목적의 실현이 방해되므로, 민법은 채권자를 구제하기 위한 수단인 채권자취소제도를 두었다.[5] 채권자취소제도의 목적은 사해의 원인인 채무자의 부당하게 책임재산을 감소하는 행위를 취소하여 일탈한 재산을 회복시킴으로써, 채무자의 일반담보를 확보하는 데 있다.[6] 그러나 이는 특정채권자에게 만족을 주기 위한 권리가 아니며, 모든 채권자를 위하여 책임재산을 보전하는 제도이다.[7]

중국 민법상 채권자취소제도는 독일 민법, 스위스 채무법을 계수하여 채무자의 사해행위를 무상행위와 유상행위로 구분하여 규정하였다.[8] 민법 제538조부터 제542조까지 총 6개 조문이 채권자취소권에 관한 것이고, 그중 제540조부터 제542조는 채권자취소권의 행사와 효력에 관한 규정이고, 제538조는 사해행위가 무상인 경우를, 제539조는 사해행위가 유상인 경우를 열거하였다.

---

[5] 이순동, 『채권자취소권』, 육법사, 2012, 62쪽; 魏振瀛, 『民法』, 北京大学出版社, 2010, 363頁.
[6] [日]我妻 榮, 王燚 역, 『新訂債权总论』, 中国法制出版社, 2008, 154頁; 杨立新, 『债法』, 中国人民大学出版社, 2018, 108頁; 王洪亮, 『债法总论』, 北京大学出版社, 2016, 147~148頁.
[7] 韩世远, 「债权人撤销权研究」, 『比较法研究』, 中国政法大学比较法研究所, 2004年第3期, 34頁.
[8] 韩世远, 위의 글, 38頁; 崔建远, 『合同法(第六版)』, 法律出版社, 2016, 293頁.

2. 채권자취소권의 요건

중국 민법상 채권자취소제도는 사해행위의 유·무상을 구분하여 규정함으로써 유상 여부에 따라 요건에 차이를 두고 있다. 사해행위가 무상행위인 경우에는 객관적요건만을 요하고, 유상행위인 경우에는 객관적요건과 주관적요건 모두를 구비해야 한다.[9] 그러나 신탁법상 사해신탁의 성립요건에는 객관적요건만 요하고 있다. 사해신탁취소권의 구체적인 요건에 대해서는 제3장에서 검토하도록 하고, 이하에서는 민법상 채권자취소권의 요건에 대해 살펴보겠다.

가. 사해행위가 무상행위인 경우

사해행위가 무상행위인 경우에는 객관적요건만을 요한다. 이는 수익자가 대가를 지불하지 않고 무상으로 취득한 것으로서 취소된다 하더라도 수익자에게는 실질적인 손해가 없기 때문에 요건이 비교적 완화되어 있다.[10] 즉, 채권자와 수익자의 이익을 비교형량할 때 채권자 측으로 기울인 것이다.

그 요건으로는 ① 사해행위 전에 발생한 채권일 것, ② 금전채권 또는 금전채권으로 전환가능한 채권일 것, ③ 채무자가 채권자를 해하는 법률적 행위를 행하였을 것, ④ 사해행위가 무상행위일 것, ⑤ 채무자의 행위가 재산권을 목적으로 하는 행위일 것으로 구성되었다.[11]

---

[9] 杨立新, 앞의 책, 2018, 110頁; 江平, 앞의 책, 2019, 450~451頁; 王洪亮, 앞의 책, 2016, 149頁.
[10] 杨立新, 위의 책, 110頁; 江平, 위의 책, 450~451頁; 王洪亮, 위의 책, 149頁.
[11] 崔建远, 『合同法总论 : 中卷』, 中国人民大学出版社, 2016, 294~299頁; 杨立新, 앞의 책, 2018,

① 채권자취소권은 채권에 대한 종된 권리이므로 채권자취소권은 피보전채권의 존재를 전제로 한다.[12] 따라서 피보전채권이 무효 혹은 소멸된 경우 당연히 채권자취소권을 행사할 수 없다. 그리고 채권자취소제도는 사해행위로 인해 피해를 입게 되는 채권자를 보호하기 위한 것이기 때문에, 피보전채권은 원칙상 채무자가 사해행위를 행하기 전에 발생한 것이어야 한다.[13] 사해행위가 행하여진 후의 채권자는 사해행위로 일탈한 재산을 채무자의 책임재산으로 생각하지 않았을 것이기 때문이다.

② 채권자취소권의 취지에 비추어 피보전채권은 원칙적으로 금전채권일 것을 요한다. 그러나 장래에 금전채권으로 전환가능한 채권, 예컨대 채무자의 채무불이행으로 손해배상채권(금전채권)으로 전환될 수 있는 채권도 피보전채권으로 인정한다.[14] 따라서 특정물채권은 원칙상 피보전채권이 될 수 없지만, 특정물의 처분으로 인하여 채무자가 무자력이 된 경우 손해배상채권을 갖고 있는 채권자는 채권자취소권을 행사할 수 있다.[15]

③ 채무자가 행한 사해행위가 법률적 행위일 것을 요하는데, 여기에는 법률행위뿐만 아니라 법률효과가 발생하는 비법률행위도 포함된다.[16] 법률행위의 유형으로는 매매, 대출 등 계약행위와 회사설립 등의 합동행위, 그리고 증여, 권리 포기, 채무의 면제 등 단독행위가 있다.[17] 그리고 이러한 법률적 행위의 사해성을 요하고

108~110頁; 江平, 앞의 책, 2019, 450~451頁; 李永军, 『债权法』, 北京大学出版社, 2016, 62~63頁.
[12] 杨立新, 위의 책, 108頁; 王洪亮, 앞의 책, 2016, 136頁.
[13] 王洪亮, 위의 책, 149頁; 韩世远, 앞의 글, 2004, 41頁.
[14] 王洪亮, 위의 책, 148頁; 韩世远, 위의 글, 40頁.
[15] 史尚宽, 『债法总论』, 中国政法大学出版社, 2000, 488~489頁.
[16] 韩世远, 앞의 글, 2004, 41頁; 杨立新, 앞의 책, 2018, 109頁.

있는데, 이는 채무자의 사해행위로 인하여 일반재산이 감소되어 채권자의 채권을 만족할 수 없게 되는 것을 의미한다.[18]

④ 무상행위로 보는 경우로는 채무의 면제, 채권담보 포기, 무상양도 등 무상으로 재산권익을 처분하는 행위와 악의로 변제기가 도래한 채권의 이행기를 연장하는 행위가 있다(중국 민법 제538조).

⑤ 채무자의 행위는 재산권을 목적으로 하는 행위일 것을 요한다. 여기서 재산권을 목적으로 하는 행위라 함은 채무자의 책임재산에 직접적인 영향을 주는 행위를 말한다.[19] 그러나 증여의 거절, 제3자 채무부담의 거절, 유증의 포기 등 행위는 비록 채무자의 책임재산의 증가에 영향을 주지만 취소의 대상이 되지 않는다. 왜냐하면 채권자취소제도는 일탈한 재산을 회복시켜 채무자의 책임재산을 기존의 수준에 유지하기 위하는 것이기 때문이다.[20] 또한 혼인, 수양, 이혼 등 신분행위도 취소의 대상이 되지 않는다.[21]

나. 사해행위가 유상행위인 경우

수익자가 대가를 지불한 경우 사해행위가 취소되면 수익자에게 피해가 되고, 또한 사해행위가 취소되지 않는다고 하여도 채무자는 대가를 지급받았기에 꼭 채무자의 자력에 큰 손해가 발생하는 것이 아니므로 채권자 권리, 사적자치, 거래 안전이라는 3자간 형평을 위하여 요건을 강화할 필요성이 있다.[22] 따라서 사해행위가

---

[17] 韩世远, 위의 글, 40頁.
[18] 史尚宽, 앞의 책, 2000, 485頁; 杨立新, 앞의 책, 2018, 110頁.
[19] 韩世远, 앞의 글, 2004, 42頁.
[20] 韩世远, 위의 글, 42頁.
[21] 王洪亮, 앞의 책, 2016, 150頁; 韩世远, 위의 글, 42頁.
[22] 韩世远, 위의 글, 39頁.

유상행위인 경우에는 객관적요건과 주관적요건 모두를 요한다. 객관적요건은 무상행위인 경우의 요건 중 iv요건을 제외하고는 동일하고 iv요건에서의 '무상행위'가 '유상행위'로 바꿔지게 된다.

주관적요건은 사해의사를 말하고, 사해의사란 채무자의 재산처분행위로 인하여 무자력하게 됨으로서 채권자의 채권을 완전하게 만족시킬 수 없게 된다는 사실을 인식하는 것을 의미한다.[23] 따라서 채무자가 행위시 자신의 행위가 채권자를 해함을 인식하면 악의인 것이고, 수익자[24]의 사해의사를 판단할 때는 수익자가 수익시 채무자의 행위가 채권자를 해한다는 사실에 대해 인식하였는지에 의한 것이지, 수익자가 채권자를 해할 고의를 갖고 있는지 여부를 판단하는 것이 아니다.[25] 이상의 설명은 전득자의 사해의사를 판단할 때에도 동일하다. 채권자와 수익자 사이의 법률행위의 사해성을 인식하였는지를 보는 것임을 주의해야 할 것이다. 여기서 채무자의 악의는 채권자취소권의 성립요건이고 수익자 또는 전득자의 악의는 그 행사요건이다.[26]

3. 채권자취소권의 행사와 효과

민법 제538조와 제539조는 채권자취소권을 "인민법원에 청구할 수 있다."고 규정하고 있기 때문에 취소권의 행사는 반드시 소에 의하여 행사하여야 한다. 청구권자는 채권자이고 채권자가 여러

---

[23] 王洪亮, 앞의 책, 2016, 152頁; 杨立新, 앞의 책, 2018, 110頁.
[24] 신탁에서의 수익자와 구별해야 할 것이다. 신탁수익자는 신탁으로부터 이익을 받는 자이지만 신탁계약 당사자는 아니다.
[25] 杨立新, 앞의 책, 2018, 111頁; 王洪亮, 앞의 책, 2016, 153頁; 韩世远, 앞의 글, 2004, 45頁.
[26] 崔建远, 앞의 책, 2016, 293頁.

명인 경우에는 공동원고로 채권자취소소송을 제기할 수 있다.[27] 피고적격과 관련해서 최고인민법원의 사법해석에 따르면, 채무자만이 피고로 될 수 있지만,[28] 실무에서는 채무자와 수익자를 공동피고로 하고 있는 경우가 대부분이다.[29] 통설은 채무자는 항상 피고가 되고, 단독행위의 취소는 채무자만이, 계약의 취소는 원칙적으로 채무자와 수익자를 피고로 하지만 재산이전이 완료되지 않은 상태라면 채무자만을 피고로 한다는 입장을 취하고 있다.[30]

채무자는 취소원인을 안 날 또는 알 수 있었던 날로부터 1년, 법률행위가 있은 날로부터 5년내에 사해행위취소의 소를 제기하여야 한다(중국 민법 제541조). 따라서 둘 중 어느 하나의 제소기간이 도과하더라도 취소권은 소멸된다.[31] 취소는 채무자와 수익자 사이의 법률행위를 처음부터 무효로 하는 효과를 가진다(동법 제542조).

4. 사해신탁취소권과의 관계

가. 입법례

한국의 신탁법 제8조는 사해신탁의 요건을 갖춘 경우 채권자는

---

[27] 王洪亮, 앞의 책, 2016, 154면; 韩世远, 『合同法总论(第四版)』, 法律出版社, 2018, 470頁; 杨立新, 앞의 책, 2018, 111頁; 江平, 앞의 책, 2019, 452頁.
[28] 구 계약법 사법해석(最高人民法院关于适用, 『中华人民共和国合同法』若干问题的解释(一))의 제24조)에 따르면, "채권자가 계약법 제74조를 근거로 취소권소송을 제기하는 경우 채무자만을 피고로 할 수 있고"라고 해석하였다.
[29] 浙江省高级人民法院(2019)浙民再269号民事判决书; 浙江省高级人民法院(2018)浙民再48号民事判决书; 北京市第三中级人民法院(2020)京03民终658号; 四川省高级人民法院(2019)川民初35号.
[30] 崔建远, 앞의 책, 2016, 304~305頁; 韩世远, 앞의 책, 2018, 470頁; 黄立, 『民法债编总论』, 中国政法大学出版社, 2002, 493頁; 王利明, 『合同法研究(第二卷)』, 中国人民大学出版社, 2015; 江平, 앞의 책, 2019, 450~452頁.
[31] 王洪亮, 앞의 책, 2016, 155頁.

"민법 제406조 제1항의 취소 및 원상회복을 청구할 수 있다"고 규정함으로써 사해신탁의 경우에도 원칙적으로 민법상 채권자취소권 규정의 내용이 동일하게 적용할 수 있다고 법조문상 명시되어 있다. 따라서 사해신탁취소권은 채권자취소권의 일종이고 신탁법상의 사해신탁 규정과 민법상 채권자취소권 규정은 특칙과 일반규칙의 관계라고 할 수 있을 것이다.[32] 그러함에도 양자는 수탁자의 선의요건을 제외하고는 취소의 요건이 동일하므로, 사해신탁취소권을 행사하여도 되고 민법상 채권자취소권을 행사하여도 된다는 견해[33]가 있고, 구체적인 사건에서 신탁행위를 취소하면서도 채권자취소권이 적용된 사례도 있다.[34]

주지하는 바와 같이 한국 신탁법은 1992년 일본 구신탁법을 본따 제정되었기에 구신탁법과 그 내용이 대동소이하고, 사해신탁제도 역시 그렇다.[35] 따라서 한국 민법상 채권자취소권 규정이 사해신탁취소권에 관한 일반 규정이라는 것은 사실상 일본과 동일한 입장을 취한 결과이다. 일본 구신탁법이 2006년에 개정되면서 사해신탁취소권과 민법상 채권자취소권과의 관계에 대해서는 변동이 없었으므로 현행 일본 신탁법 역시 같은 입장을 취하고 있다. 그 법조문을 보면 사해신탁의 요건을 갖춘 경우에 "채권자는 수탁자를 피고로 하여 민법 제424조 제1항 규정에 의해 취소를 법원에 청구할 수 있다"고 규정하였다(일본 신탁법 제11조 제1항). 다시 말해서, 일본

---

[32] 임채웅, 「사해신탁의 연구」, 『법조』 제55권 제9호, 법조협회, 2006, 12~13쪽; 안성포, 「사해신탁의 취소와 수익자보호 - 일본 신신탁법을 중심으로」, 『증권법연구』 제9권 제2호, 한국증권법학회, 2008, 158~159쪽.
[33] 이중기·이영경, 『신탁법』, 삼우사, 2022, 111쪽.
[34] 대법원 2003. 12. 12. 선고 2001다57884 판결; 대법원 2012. 10. 11.자 2010마2066 결정.
[35] 안성포, 앞의 글, 2008, 157~158쪽.

과 한국은 같은 방식으로 양자의 관계를 규명하였다.

나. 입법연혁

한국과 일본은 법조문상 사해신탁취소권과 민법상 채권자취소권 사이의 관계를 명시하였지만 중국인 경우 두 제도 간의 관계에 관한 직접적인 근거를 찾아보기가 어렵다. 따라서 사해신탁취소권의 입법상 연혁을 검토하여 두 제도 간의 상관관계를 파악하고자 한다.

중국 신탁법은 세 차례 심의안[36]을 거쳐 2001. 4. 28. 제9기 전국인민대표대회 상무위원회 제21차 회의에서 통과하여 2001. 10. 1. 시행되었다. 이 과정을 살펴보면 사해신탁취소권 관련 법조문의 변화를 찾아볼 수 있다.

1차 심의안의 제12조 제1항은 "채무자가 채권자를 해함을 알면서 신탁을 설정하는 경우"에 채권자는 채무자의 행위를 취소할 수 있다고 규정하였다. 이는 당시 한국과 일본 신탁법상 사해신탁 법조문을 참고한 것으로 보인다.[37] 즉 취소권의 성립요건에 채무자의 주관적요건을 요하는 방식을 취하였다. 그러나 당시 중국의 민법상 채권자취소권 규정은 법조문상 "채무자가 채권자를 해함을 알면서"라는 채무자의 주관적요건을 요하는 문구가 없었다.

2차 심의안은 해당 조문을 "채무자의 신탁행위가 그 채권자를

---

[36] 1996. 12. 24. 제8기 전국인민대표대회 상무위원회 제23차 회의에서 1차 심의를, 2000. 7. 3. 제9기 전국인민대표대회 상무위원회 제16차 회의에서 2차 심의를, 2001. 4. 28. 제9기 전국인민대표대회 상무위원회 제21차 회의에서 3차 심의를 받고 통과되었다. 卞耀武 編, 『中华人民共和国信托法释义』, 法律出版社, 2002.
[37] 전국인민대표대회 상무위원회 법제공작위원회에서 펴낸 신탁법 해석서 부록에 한국과 일본 신탁법률제도에 관한 소개 자료를 첨부한 것도 그 근거의 하나로 들 수 있을 것이다.

해하는 경우, 채권자는 법원에 취소를 청구할 수 있다"(2차 심의안 제11조 제1항)로 수정함으로써 채무자의 주관적요건을 제거하였다. 이는 유사한 두 제도인 신탁법상 사해신탁취소권과 민법상 채권자취소권 간의 조화의 필요성을 인식한 것으로 생각된다.

그후 3차 심의안은 2차의 내용을 유지하였고, 사해신탁취소권의 성립요건에 객관적요건만 요하는 구조로 입법안이 통과되었다.

다. 소결

신탁법과 민법은 특별법과 일반법의 관계이기에 신탁관계를 규율함에 있어서 신탁법을 우선 적용하고, 신탁법상 구체적인 규정이 없는 경우 민법의 관련 규정을 적용해야 한다.[38] 사해신탁제도와 유사한 민법상 제도로는 채권자취소제도이다. 두 가지 제도는 모두 채무자의 사해행위로 인하여 일탈한 재산을, 그 이전의 상태로 회복시켜 채권자의 채권만족에 제공하는 것을 목적으로 하는 책임재산 보전제도이다. 즉 양자는 채권자의 이익을 보호하기 위해 채무자와 그 상대방 사이의 법률관계에 개입할 수 있는 법적 수단을 채권자에게 제공함으로써 출발점은 동일하다고 볼 수 있다.

또한 그 취소대상을 보았을 때, 사해신탁취소권의 최소대상은 신탁행위이고 채권자취소권의 취소대상은 사해행위이며,[39] 신탁행위도 법률행위이므로 채권자취소권의 대상이 되는 사해행위가 될 수 있다.[40] 따라서, 사해신탁취소권과 민법상 채권자취소권은 사해행위의 취소라는 권리의 성질이 유사하다.

---

[38] 周小明,『信托制度 : 法理与实务』, 法制出版社, 2012, 28쪽.
[39] 임채웅, 앞의 글, 2006, 13쪽.
[40] 이중기·이영경, 앞의 책, 2022, 111쪽.

신탁법리를 도입한 한국과 일본의 입법례, 중국 사해신탁제도의 입법연혁 및 사해신탁취소권과 민법상 채권자취소권의 법적성질 등을 고려하여 종합적으로 볼 때 양자는 특칙과 일반원칙의 관계로 정리가 된다. 따라서 신탁의 법률관계에서 사해신탁취소권이 우선시 적용되고, 민법 조문 및 그 일반적인 이론이 보충적으로 적용해야 할 것이다.

다만, 신탁의 당사자 구조는 신탁법리에 의해 그 특수성을 가지고 있다. 위탁자, 수탁자 및 수익자 3당사자 구조를 취하고 있어서, 얼핏 보면 민법상 채권자취소권 제도에서의 채무자, 수익자 및 전득자와 대응되는 관계로 혼동할 수 있겠지만 그렇지 않다. 첫째, 신탁법상 수익자는 민법상의 수익자와 다른 개념이다. 신탁수익자는 신탁계약 당사자가 아님에도 불구하고 위탁자의 신탁행위에 의한 지정으로 신탁의 수익권을 취득한 자를 말한다.[41] 이와 달리, 민법상 수익자는 위탁자와 법률행위를 한 상대방이다. 또한, 수익권의 내용에도 차이가 있다. 둘째, 신탁법상 수탁자는 민법상의 수익자에 해당하지 않는다. 수탁자는 비록 위탁자로부터 신탁재산을 이전 받은 자이지만 오로지 관리자적 지위에 있을 뿐이고 신탁재산으로부터 수익하지 못한다.[42] 셋째, 신탁수익자는 민법상 전득자의 지위에 있지 않다. 민법상 전득자는 수익자와 사이에 독립된 법률행위에 의해 목적물을 전득하는 자인 반면, 신탁수익자는 수탁자와의 사이에 별도의 법률행위를 필요로 하지 않고 다만 위탁자의 신탁 설정 내용에 의해 수익을 받는 자이다. 즉, 신탁수익

---

[41] 자익신탁의 경우에 위탁자와 수익자가 동일인이지만, 신탁계약에서 위탁자의 신분으로 법률행위를 행하는 것으로 보아야 할 것이다.
[42] 오영걸, 앞의 책, 2021, 116쪽.

자의 법률관계와 전득행위는 그 성격과 내용이 전혀 다르다.[43] 하지만 이러한 신탁법과 민법의 법률관계의 차이점이 바로 사해신탁취소권의 존재의 의의라고 볼 수 있을 것이다.

Ⅱ. 기업파산법[44] 상 부인권

1. 내용

채무자가 자기의 재산에 대하여 자유롭게 관리 및 처분할 수 있는 권리를 가지는 것은 당연하다. 그러나 도산 상태 내지 이에 근접한 시기에 있어서 궁박한 채무자가 부당하게 재산을 감소시키거나 채무를 부담하는 것은 채권자간의 공평에 관하여 문제가 된다. 왜냐하면, 이러한 시점에서 채무자의 책임재산이 감소된다는 것은 청산형에 있어서는 모든 채권자가 받을 수 있는 분배액이 그만큼 적어진다는 것을,[45] 재건형에서는 재건을 위한 자력을 그만큼 잃게 된다는 것을 의미하기 때문이다.[46] 예컨대, 채무자가 재산을 은

---

[43] 임채웅, 앞의 글, 2006, 30쪽.
[44] 『中华人民共和国企业破产法』(2006. 8. 27. 제정, 2007. 6. 1. 시행)은 단일 법률 속에서 파산절차, 회사정리(重整)절차, 화의(和解)절차 등을 함께 규율하고 있다. 따라서 위 법률 명칭속의 '파산'은 파산절차만을 가리키는 것이 아니고 광의의 파산을 의미하는 것이다. 한편, 한국은 본래「파산법」,「회사정리법」,「화의법」,「개인채무자회생법」등과 같은 각각의 법률에서 각 도산처리절차를 나뉘어 규율하였지만, 2006년에「채무자 회생 및 파산에 관한 법률」의 제정을 통해 하나의 법률로 통합하였고 흔히 통합도산법 또는 도산법이라고 부르고 있다. 본고는 아래에서 '도산법'이라고 하고 각개의 제도를 모두 합하여 '도산절차'라고 부른다.
[45] 파산절차에 있어서 파산채권자에 대한 배당의 자원이 되는 것은 원칙으로 파산선고시에 채무자에게 속하였던 재산이고, 그 이전에 처분되어 채무자의 재산으로부터 벗어난 것은 파산재단에 포함되지 않는다.
[46] 노영보,『도산법 강의』, 박영사, 2018, 327쪽.

닉한다든지, 재산을 염가로 매각한다든지 또는 경제적 재기에 있어서 편의를 도모하여 줄 수 있는 특정한 채권자들에게만 담보를 제공하거나 변제하는 행위 등을 들 수 있다.[47]

부인권은 이처럼 유해한 행위의 법적 효력을 채무자에 대한 도산절차가 개시된 후에 소급하여 부인하고, 일탈된 재산을 회복하기 위한 권리를 말한다.[48] 부인권이 인정되는 실질적인 근거는 공평의 견지에 있다.[49] 따라서 도산절차 개시전의 경영·관리상 문제 또는 거래손실 등으로 인하여 채무자의 책임재산이 감소되는 경우에는 부인권을 행사할 수 없다.[50]

중국은 기업파산법에 부인권 제도를 두고 있는데, 부인의 대상이 되는 행위를 열거하는 방식으로 규정하였다. 총 6가지 행위를 열거하였는데, 제31조는 ① 무상양도, ② 부당한 가격에 의한 거래, ③ 재산담보가 없는 채무에 대한 담보제공, ④ 변제기 전의 변제, ⑤ 채무면제 등 5가지 행위를, 제32조는 개별 채권자에 대해 우선 변제하는 행위를 규율하고 있다.

통설은 이들을 크게 사해행위와 편파행위로 나누어 보고 있다.[51] 사해행위라 함은 도산상태로 빠지게 하거나 채권자가 받을 수 있는 분배액의 감소를 초래하는 책임재산을 절대적으로 감소시키는 행위를 말하고,[52] 제31조의 ①, ②와 ⑤가 이에 해당된다. 한

---

[47] 전병서, 『도산법』, 문우사, 2016, 235쪽; 노영보, 위의 책, 327쪽.
[48] 오수근·한민·김성용·정영진, 『도산법』, 한국사법행정학회, 2012, 224쪽; 김주학, 『기업도산법』, 법문사, 2012, 321쪽; 전병서, 위의 책, 234쪽.
[49] 김택수·이동준·오세욱, 『기업회생 이론과 실무』, 삼일인포마인, 2019, 291쪽.
[50] 李永军·王欣新·邹海林·徐阳光, 『破产法』, 中国政法大学出版社, 2017, 71頁; 王欣新, 앞의 글, 2007, 149頁.
[51] 王欣新, 위의 글, 154頁.
[52] 李永军·王欣新·邹海林·徐阳光, 앞의 책, 2017, 84頁; 韩长印, 『破产法学』, 中国政法大学出版社, 2016, 119頁.

편, 편파행위라 함은 특정한 채권자에게만 편파적으로 변제를 하거나 담보를 제공함으로써 다른 일반채권자에 대하여 불공평을 초래하는 행위를 말하며,[53] 제31조의 ③, ④와 제32조에서 규정한 행위가 이에 해당된다.

한편, 한국은 회생절차와 파산절차에 모두 부인권 제도를 두었고 각 절차에서 부인권을 고의부인, 위기부인과 무상부인으로 나누어 규정하였다.[54] 고의부의라 함은 채무자가 채권자를 해하는 것을 알고 한 행위의 부인이고(동법 제100조 제1항 제1호, 제391조 제1호), 위기부인은 채무자가 지급의 정지 등 경제적 파탄이 표면화된 시기에 행하여진 유해행위를 완화된 요건에 의하여 부인하는 것이며(동법 제100조 제1항 제2호, 제3호, 제391조 제2호, 제3호), 무상부인은 채무자가 한 무상행위 내지 이와 동일시할 수 있는 유상행위를 부인하는 것이다(동법 제100조 제1항 제4호, 제391조 제4호).

2. 부인권의 요건

가. 유해성

부인권은 채권자의 최대 이익을 실현하는 것을 목적으로 하는 이상, 그 대상이 되는 행위가 채권자에게 유해하여야 함은 당연한 요건이다.[55] 여기서 채권자를 해한다는 것은 채권자를 위한 배당재원을 감소시킨다는 것을 의미하는데, 중국은 재산기준과 채권자

---

[53] 李永军·王欣新·邹海林·徐阳光, 위의 책, 84頁; 韩长印, 위의 책, 119頁.
[54] 노영보, 앞의 책, 2018, 329쪽; 전병서, 앞의 책, 2016, 236쪽; 김주학, 『기업도산법』, 법문사, 2012, 329쪽; 김택수·이동준·오세욱, 앞의 책, 2019, 296쪽.
[55] 杨丽, 「破产程序中撤销权的根据及其构成要件」, 『法制与社会』, 云南省人民調解员协会, 2008年第24期, 65頁.

지위 기준의 두 가지 측면에서 그 유해성을 판단하고 있다.[56] 여기서 재산기준은 채무자의 책임재산을 절대적으로 감소시켰는지를 판단하는 것이고, 채권자지위 기준은 특정 채권자에게 유리한 지위를 제공함으로써 채권자 사이의 평등을 저해하였는지를 판단하는 것이다. 즉, 전자에 의하여 유해성이 인정되면 사해행위에 해당되고, 후자에 의하여 유해성이 인정되면 편파행위에 해당된다.

그러나 채무자의 책임재산의 증가를 방해하는 행위는 그 유해성을 인정하지 않는다.[57] 왜냐하면 이는 채무자가 자신의 기존 책임재산을 감소시키는 것이 아니고, 다만 기존의 책임재산을 증가시키지 않는 데에 그치는 행위로서 채권자의 이익을 해하지 않았기 때문이다. 따라서 증여의 거절, 상속의 포기 또는 제3자가 채무에 대해 부담하는 것을 거절하는 행위를 부인할 수 없다.

또한, 채무자행위의 유해성은 행위시뿐만 아니라 부인권 행사시에도 존재해야 한다.[58] 따라서 재산매각 후 가격이 급등한 것 자체는 부인할 수 없고, 염가매각 후 가격이 하락한 때나 고가로 구매한 이후 가격이 급등한 때에도 부인할 수 없다.[59]

나. 부인할 수 있는 기간 내의 행위일 것

부인권은 재단을 충실하게 확보하는 기능을 발휘하지만, 채무자가 도산하였다는 이유로 거래가 무효로 되어 상대방이 재산을 반환하여야 하는 점에서 거래의 안전을 위협하는 요인도 된다.[60]

---

[56] 李永軍·王欣新·邹海林·徐阳光, 앞의 책, 2017, 72頁.
[57] 李永軍·王欣新·邹海林·徐阳光, 앞의 책, 92頁.
[58] 李永軍·王欣新·邹海林·徐阳光, 위의 책, 71頁.
[59] 김주학, 앞의 책, 2012, 325쪽; 노영보, 앞의 책, 2018, 330쪽.
[60] 김주학, 위의 책, 321쪽.

따라서 거래의 안전을 보호하기 위하여 부인할 수 있는 행위의 범위에 대하여 시간적 제한을 두는 것이 일반적이다. 즉, 규정한 기간 내에 행하여 진 행위만을 부인할 수 있게 하는 것이다.

중국 기업파산법 제31조는 부인하려는 행위가 ① 무상양도, ② 부당한 가격에 의한 거래, ③ 재산담보가 없는 채무에 대한 담보제공, ④ 변제기 전의 변제, ⑤ 채무면제 등인 경우에는 인민법원이 도산신청을 수리하기 전 1년 내에 행하였을 것을, 제32조는 부인할 행위가 개별채권자에 대해 우선 변제하는 행위인 경우에는 인민법원이 도산신청을 수리하기 전 6개월 이내의 행위일 것을 요한다.

그러나 사법해석에 따르면, 변제기 전의 변제행위가 법원이 도산신청을 수리하기 전 1년 내에 행하여졌다고 하더라도, 도산신청이 수리되기 전에 변제기가 도래하였다면 부인권을 행사할 수 없게 된다. 또한 이에 대하여 예외사항이 있는데, 변제행위가 도산신청 수리되기 전 6개월 내에 발생한 행위이고 채무자가 지급할 수 없는 경우라면 부인권을 행사할 수 있다.[61]

3. 부인권의 행사

가. 행사의 방법

중국 기업파산법 제31조와 제32조는 부인권을 "인민법원에 청구할 수 있다."고 규정하고 있어서, 부인권 행사는 반드시 소에 의하여 행사하여야 한다. 그러나 이는 소송 외 방식인 통지 또는 합

---

[61] 最高人民法院关于适用『中华人民共和国企业破产法』若干问题的规定(二)의 제12조를 참조하였다.

의를 배제하는 것이 아니다.[62] 한편, 한국은 소의 방식 외, 부인의 청구 또는 항변의 방법에 의하여도 부인권을 행사할 수 있게 하였다(한국 도산법 105조 제1항).

나. 부인권의 주체

부인권은 관리인[63]이 행사한다(중국 기업파산법 제31조 본문, 제32조 본문). 파산절차에서 관리인이 부인권을 행사하는 것은 당연한 것이고 아무런 문제가 없는데, 회사정리절차에서는 이와 관련하여 논쟁이 존재한다. 왜냐하면 중국은 회사정리절차에서 기존 경영자 관리인 제도[64]를 채택하고 있기 때문이다. 따라서 채무자는 관리인의 감독하에 계속 재산을 관리하고 경영업무를 수행할 것을 법원에 신청할 수 있고(동법 제73조 제1항), 법원의 허가를 받은 채무자는 관리인의 직권[65]을 행사하게 된다(동법 제73조 제2항).

그렇다면 회사정리절차에서 관리인 직권을 행사하는 자가 법원에서 지정한 자(동법 제22조)인 경우와 기존의 경영자인 경우로 나누어 볼 수 있을 것이다. 전자인 경우는 파산절차상 관리인과 별다름이 없기에 논의의 대상이 아니고, 주로 후자인 경우에 관하여 의견이

---

[62] 韩长印, 앞의 책, 2016, 133頁; 李永军·王欣新·邹海林·徐阳光, 앞의 책, 2017, 81頁; 乔博娟,「论破产撤销权之行使——兼析<最高人民法院关于适用『企业破产法』若干问题的规定(二)>」,『法律适用』, 国家法官学院, 2014年第5期, 46頁.

[63] 관리인은 도산절차의 관리자이자 사업의 경영자이다(중국 기업파산법 제25조).

[64] 기존 경영자 관리인 제도는 기존 경영자들에게 경영권을 유지할 수 있게 하여 경영파탄 초기단계에서 조기에 회생절차 개시신청을 할 수 있도록 하는 동기를 제공하고, 기존 경영자들의 경영 노하우를 살려 기업가치의 하락을 방지하고 회사정리절차의 원활한 진행을 이끌 수 있다. 김택수·이동준·오세욱, 앞의 책, 2019, 236쪽.

[65] 관리인의 권한을 크게 ① 조사 및 검사권, ② 부인권 및 재산 추심권, ③ 정리업무 수행권으로 나눌 수 있다. 그러나 법원의 허가를 받아 채무자가 관리인의 권한을 행사하게 되는 경우, 관리인의 전부 권한을 채무자에게 전속하게 해서는 아니된다. 王欣新·李江鸿,「论破产重整中的债务人自行管理制度」,『政治与法律』, 上海社会科学院法学研究所, 2009年第11期, 85頁.

대립된다. 재산을 관리하고 업무를 수행하는 권한은 채무자에게 전속하고 채무자가 일상으로 회사정리절차와 관련된 업무를 수행하며 관리인은 감독자 지위에 있을 뿐이기 때문에 채무자가 부인권의 행사주체로 되어야 한다는 견해[66·]가 있는가 하면, 부인권의 행사 즉 채무자에게 자신이 한 사해행위나 편파행위를 부인하라고 하는 것은 채무자의 이익과 상충되기 때문에 관리인이 부인권을 행사해야 한다는 견해도 있으며,[67·] 채무자가 재산을 관리하고 업무를 수행하는 이상 채무자가 부인권 행사주체인 것이 원칙이지만, 채무자가 부인권 행사를 거절하거나 태만하는 경우에는 관리인이 부인권을 행사할 수 있다는 견해도 있다.[68·]

한국도 회생절차에 기존 경영자 관리인 제도를 도입하였고, 회생절차에서는 채무자가 부인권을 행사한다.[69·] 이와 동시에 법원이 이해관계인의 신청 또는 직권에 의하여 부인권행사를 명령할 수 있는 제도를 둠으로써(한국 도산법 제105조 제2항), 채무자의 적절한 부인권 행사를 기대하기 어려운 경우에는 부인권 행사 명령제도를 활용할 수 있다.[70·] 뿐만 아니라 조사위원으로 하여금 부인대상행위를 조사하게 하고, 채권자협의회가 부인권행사 명령 신청을 하며, 법원이 부인권행사 명령을 하는 방안도 제시된다.[71·] 이 모두는 입법론으로 참고할 가치가 있다고 생각된다.

중국 현행법에 대한 해석론 측면에서 볼 때, 회사정리절차에서

[66·] 韩长印,「破产撤销权行使问题研究」,『法商研究』, 中南财经政法大学, 2013年第1期, 137頁; 齐树洁,『破产法』, 厦门大学出版社, 2007, 280頁.
[67·] 李永军·王欣新·邹海林·徐阳光, 앞의 책, 2017, 78~79頁.
[68·] 乔博娟, 앞의 글, 2014, 44頁.
[69·] 김주학, 앞의 책, 2012, 357쪽.
[70·] 김택수·이동준·오세욱, 앞의 책, 2019, 295쪽.
[71·] 서울중앙지방법원 파산부 실무연구회,『회생사건실무(상)』, 박영사, 2011, 291~292쪽.

채무자가 자체적으로 관리하는 경우에, 부인권의 행사주체는 감독자 역할을 하고 있는 관리인이라고 해석하는 것이 타당할 것이다. 즉, 채무자에게 전속한 관리인 직권의 범위에서 부인권을 배제시킨다. 그 이유로는 첫째, 이때 관리인이 비록 감독자 위치에 있지만 충분히 조사권을 활용하여 부인대상행위에 관한 정보를 취득할 수 있기에[72] 부인권을 행사하는 데 기본조건이 구비되어 있다. 둘째, 중립적인 입장에서 채권자보호 및 채권자평등의 목적을 위한 보다 공평하게 부인권을 행사할 수 있다. 셋째, 사법해석상[73] 부인권을 행사하는 자의 책임으로 채무자의 재산이 부당하게 감소되는 경우 배상책임은 진다고 해석하였지만, 채무자가 부인권을 행사하는 자인 때에는 자신의 재산으로 자신의 재산에 대한 손해를 배상하는 것으로 되기에, 채권자를 보호하기 위 법조문 해석은 아무런 의의가 없게 된다.

다. 부인권 행사의 상대방

중국 현행법상 부인권 행사의 상대방, 즉 피고가 될 수 있는 자가 누구인지에 관하여 언급하지 않았고, 사법해석상으로도 명확하지 않다. 따라서 이와 관련하여 다른 측면에서 출발한 다양한 견해가 존재한다. ① 채무자가 한 행위의 상대방인 수익자가 이익을 취득한 자이고, 부인권은 일탈한 재산을 회복시키기 위한 것이므로 수익자를 피고로 하는 것이 원칙이지만, 수익자가 얻은 이익이 제3

---

[72] 李永军·王欣新·邹海林·徐阳光, 앞의 책, 2017, 78頁.
[73] 最高人民法院关于适用『中华人民共和国企业破产法』若干问题的规定(二)제9조 제2항은 "관리인의 책임으로 부인권이 행사되지 않음으로 인하여 채무자의 재산이 부당하게 감소되는 경우, 채권자는 관리인을 상대로 손해배상책임을 주장하는 소송을 제기할 수 있고, 인민법원은 이를 지지하여야 한다."고 해석하였다.

자에게 이전된 경우에는 수익자와 전득자를 공동피고로 한다는 견해,[74] ② 채무자가 행한 행위가 단독행위인 경우에는 채무자를 피고로 하고, 쌍방행위인 경우에는 채무자와 수익자를 공동피고로 한다는 견해,[75] ③ 채무자의 행위만 부인하고 재산의 반환이 필요하지 않을 때에는 채무자만을 피고로 하고, 이와 반해 재산의 반환이 필요한 경우에는 수익자 또는 전득자를 추가로 피고로 한다는 견해,[76] ④ 채무자를 피고로 하고 수익자 또는 전득자는 보조참가자로 한다는 견해 등이 있다.

도산신청이 법원에 의해 수리되는 때 채무자에 관한 민사소송절차는 중단되고, 관리인이 채무자의 재산을 이전 받은 후 소송절차가 계속된다(중국 기업파산법 제20조). 이로부터 도산절차에서 관리인이 채무자의 소송대리인 역할을 충당한다는 것을 알 수 있다. 또 앞서 살펴본 바와 같이, 부인의 소의 행사주체는 관리인이다. 그렇다면 채무자를 대리하고 있는 관리인이 채무자를 피고로 하여 부인권을 행사할 수 없을 것이다. 따라서 부인권의 상대방을 수익자 또는 전득자로 하는 것이 바람직하다.

4. 부인권의 효과

부인권이 행사되면 도산신청이 수리되기 전의 채무자의 행위로 인한 재산관계의 변동이 효력을 상실하게 되고, 일탈한 재산은 채무자의 재산[77]으로 복귀한다.[78] 따라서 관리인은 해당 재산에 관

---

[74] 乔博娟, 앞의 글, 2014, 47頁; 张善斌, 『破产法研究综述』, 武汉大学出版社, 2018, 205頁.
[75] 邹海林, 『破产法-程序理念和制度结构解析』, 中国社会科学出版社, 2016, 291頁.
[76] 李永军・王欣新・邹海林・徐阳光, 앞의 책, 2017, 83頁.

한 반환요구권을 가진다(중국 기업파산법 제34조). 그러나 부인권을 행사한 모든 경우에 모두 재산의 반환이 발생하는 것은 아니고, 재산담보가 없는 채무에 대하여 담보를 제공하는 행위[79·]와 채무면제 행위에 대하여 부인권을 행사할 때에는 부인권의 상대방이 재산 반환 의무를 지지 않는다.[80·] 채무자의 입장에서는 면제에 의한 채권이 부활하고 담보의무에서 벗어나게 된다.

그렇다면 남은 4가지 부인대상행위가 부인된 경우에는 상대방이 반환의무를 진다. 그러나 부인은 일탈한 재산을 채무자에게 원상으로 회복시키는 것을 목적으로 하는 것이지, 채무자가 부당하게 이득하는 것까지 인정하는 것은 아니기에 상대방이 행한 반대급부는 반환되어야 하고, 부인된 변제에 의하여 일단 소멸된 상대방의 채권은 회복되어야 한다.[81·] 위의 4가지 부인대상행위가 부인되는 경우의 상대방의 지위에 대해 살펴보겠다.

첫째, 무상양도 행위가 부인되는 경우, 채무자가 상대방으로부터 얻은 급부가 없기 때문에 반환해야 할 반대급부도 없고, 나아가 부활될 채권도 존재하지 않는다.[82·] 둘째, 부당한 가격에 의한 거래 행위가 부인되는 경우, 거래쌍방은 상대방이 급부한 재산 또는 가액을 반환하여야 한다.[83·] 부인의 상대방이 행한 반대급부인 특정

[77·] 중국 기업파산법은 한국과 달리 파산재단이라는 개념을 두고 있지 않다.
[78·] 李永军·王欣新·邹海林·徐阳光, 앞의 책, 2017, 83頁; 齐明, 『破产法学: 基本原理和立法规范』, 华中科技大学出版社, 2013, 121頁; 张善斌, 앞의 책, 2018, 215~216頁.
[79·] 담보물 이전을 통한 담보방식은 포함되지 않는다.
[80·] 李永军·王欣新·邹海林·徐阳光, 앞의 책, 2017, 84頁.
[81·] 전병서, 앞의 책, 2016, 277쪽.
[82·] 乔博娟, 앞의 글, 2014, 49頁; 李永军·王欣新·邹海林·徐阳光, 앞의 책, 2017, 84頁; 张善斌, 앞의 책, 2018, 216頁.
[83·] 最高人民法院关于适用『中华人民共和国企业破产法』若干问题的规定(二)의 제11조 제1항을 참조하였다.

재산이 멸실되었거나 비정상적인 감손이 있는 경우, 관리인의 책임일 때는 당해 손해배상채권을 공익채무로 지급하고, 그렇지 아니할 때는 목적물의 가액상당액 또는 그 차액을 도산채권으로 신고할 수 있다.[84] 셋째, 변제기 전의 변제행위가 부인되는 경우, 상대방이 받은 급부를 반환하는 때에 상대방의 채권이 원상으로 회복되는 동시에, 채무자의 변제에 의하여 소멸되었던 모든 종된 권리와 담보물권 주채무가 변제되지 않고 있는 상태로 복귀한다.[85] 넷째, 개별 채권자에 대해 우선 변제하는 행위가 부인되는 경우는 세 번째 경우와 동일하다.

5. 사해신탁취소권과의 관계

도산절차가 개시되면 부인권은 민법상 채권자취소권에 우선하여 적용된다.[86] 따라서 채권자취소소송은 도산절차 개시에 의하여 중단되며, 관리인이 채무자의 재산을 이관 받은 후에 이를 수계할 수 있다(중국 기업파산법 제20조). 그러나 도산절차에서 관리인이 채무자의 무상양도, 부당한 가격에 의한 거래와 채무면제 행위, 즉 사해행위에 대해 부인권을 행사하지 아니한 경우에 채권자는 민법 제538조, 제539조 등 규정에 의하여 사해행위를 취소하여 일탈한 재산을 채무자 재산으로 회복시킬 수 있다.[87] 뿐만 아니라, 채무자가

---

[84] 李永军·王欣新·邹海林·徐阳光, 앞의 책, 2017, 84頁; 张善斌, 앞의 책, 2018, 216~217頁.
[85] 乔博娟, 앞의 글, 2014, 49頁; 李永军·王欣新·邹海林·徐阳光, 위의 책, 84頁; 张善斌, 위의 책, 217頁; 韩长印, 앞의 책, 2016, 137頁.
[86] 王欣新, 앞의 글, 2007, 148頁.
[87] 最高人民法院关于适用『中华人民共和国企业破产法』若干问题的规定(二)의 제13조를 참조하였다. 여기서 "채권자취소권 등"이라는 용어를 사용하였고 채권자 보호를 목적으로 하는 법조문 해석인 이상 같은 취지인 사해신탁취소권제도도 해당된다고 판단된다.

행한 사해행위가 도산신청이 수리되기 전 1년 전의 행위라고 하더라도 채권자취소권의 성립요건만 만족되면 채권자는 취소권을 행사할 수 있다는 견해도 있다.[88]

사해신탁취소권은 민법상 채권자취소권에 대한 특별규정이므로 부인권과의 관계에 있어서 채권자취소권과 부인권의 관계와 큰 틀에서 다르지 않다고 볼 수 있다.

---

[88] 齐树洁, 앞의 책, 2007, 283~284頁.

03
사해신탁취소권의 성립요건

제1절
서언

사해신탁제도는 위탁자의 채권자와 수익자의 이익을 비교형량하는 데서 출발하였다.[1] 이는 그 성립요건의 구성을 통해 가장 잘 드러낼 수 있다. 보통 성립요건을 객관적요건과 주관적요건으로 크게 나눠볼 수 있는데, 객관적요건에는 신탁의 성립, 피보전채권의 존재, 신탁행위의 사해성 등이 포함되고, 주관적요건은 신탁당사자인 위탁자, 수탁자 및 수익자의 사해의사를 말한다. 이하에서는 중국 현행 사해신탁취소권의 성립요건을 전반적으로 살펴보고, 그 다음 한국 사해신탁취소권의 성립요건과 비교해 보겠다.

---

[1] 周小明,『信托制度:法理与实务』, 法制出版社, 2012, 183頁.

제2절
사해신탁의 성립

I. 성립과 사해신탁취소권

채권자가 사해신탁취소권을 행사함에 있어서 신탁의 성립요건을 갖추어서 설정된 신탁의 존재가 먼저 전제로 될 것이다.[2] 왜냐하면 성립요건을 갖추지 못하여 유효하지 않은 신탁은 신탁 자체가 존재하지 않으므로[3] 신탁재산이 여전히 채무자의 책임재산에 속하기 때문이다. 그러한 이상 채권자를 해할 수 없을 것이고 더 나아가 취소의 문제가 발생하지 않을 것이다.

II. 중국에서의 논의

중국 현행 신탁법은 신탁 설정방식을 서면형식으로 제한하고 있고, 신탁행위의 종류는 신탁계약, 유언과 기타 서면형식이 있다 (중국 신탁법 제8조). 기타 서면형식이란 법률 또는 행정법규에서 규정한 기타 형식의 서면문서를 의미하는데, 이는 추후 신탁업무의 종류가 다양해짐에 따라 새로운 형식의 신탁 설정방법이 나타날 수 있

---

[2] 정순섭, 『신탁법』, 지원출판사, 2021, 177쪽; 송현진·유동규, 『(條解) 신탁법: 이론·판례·실무』, 진원사, 2014, 183~184쪽; 최호석, 『실무자를 위한 신탁법』, 한국법학교육원 올에듀넷, 2014, 98쪽; 오창석, 「개정신탁법상 사해신탁제도에 관한 소고」, 『금융법연구』 제6권 제2호, 한국금융법학회, 2009, 118~119쪽; 한상곤, 「사해신탁취소권의 행사에 관한 법적 고찰」, 『경희법학』 제49권 제3호, 경희법학연구소, 2014, 75쪽.
[3] 이중기·이영경, 『신탁법』, 삼우사, 2022, 98쪽.

다는 것을 고려한 것으로 해석된다.[4] 중국은 아직 신탁선언 방식에 의한 신탁을 허용하지 않고 있다.

제3절
피보전채권의 존재

Ⅰ. 피보전채권의 내용

채권자취소권과 마찬가지로 사해신탁취소권에서도 피보전채권의 존재를 요하는 것은 물론이고, 채무자의 책임재산보전을 목적으로 하는 제도로서 피보전채권은 금전채권이 원칙이지만 금전채권으로 전환가능한 채권도 인정한다.[5] 특정채권(특정물에 대한 소유권이전 등기청구권 포함)[6]인 경우, 특정채권 자체를 피보전채권으로 볼 수는 없고, 그 채권이 손해배상 채권으로 전환된 때에만 피보전채권성을 인정한다.[7]

특별담보가 있는 채권인 경우는 담보가 충분할 때와 불충분할 때로 나누어 보아야 한다. 채권자가 피보전채권에 대하여 충분한 담보를 가지고 있다면 이를 즉시 집행하여 우선변제를 받을 수 있

---

[4] 卞耀武 編, 『中华人民共和国信托法释义』, 法律出版社, 2002, 61頁.
[5] 崔建远, 『合同法总论 : 中卷』, 中国人民大学出版社, 2016, 294頁; 韩世远, 『合同法总论(第四版)』, 法律出版社, 2018, 460~461頁; 林诚二, 『民法债编总论-体系化解说』, 中国人民大学出版社, 2003, 416頁.
[6] 한국의 판례도 같은 입장을 취하고 있다. 대법원 1988. 2. 23. 선고 87다카1586 판결; 대법원 1999. 4. 27. 선고 98다56690 판결; 대법원 2001. 12. 27. 선고 2001다32236 판결; 인천지방법원 2004. 11. 17. 선고 2003가합13044 판결; 대구고등법원 2021. 12. 15. 선고 2021나21877 판결.
[7] 韩世远, 앞의 책, 2018, 460~461頁.

기 때문에 채무자의 재산처분이 사해행위가 되지 않는다.[8] 그러나 담보가 불충분할 때는 담보를 가지고 있는 범위 내에서만 채무자의 재산처분이 사해행위가 되지 않고, 나머지 부분의 채권에 대해서는 여전히 사해성이 있다고 볼 수 있을 것이다.[9] 즉, 이와 같은 경우 채권자는 여전히 사해신탁취소권을 행사할 수 있다고 본다.

변제기가 도래하지 않은 채권도 피보전채권이 된다.[10] 채무자의 사해행위에 대한 취소는 일탈한 재산을 채무자의 책임재산으로 회복시켜 채무자의 자력을 유지하려는 데에 있는 것이지, 현재 청구권을 행사하는 것이 아니기에 반드시 기한 도래를 요건으로 할 필요는 없다.[11] 또한, 채무자의 사해행위는 적극적으로 채권을 침해하는 행위이기 때문에 가능한 일찍 취소권을 행사하여 책임재산을 보전하는 것이 채권자에게 유리하고, 변제기 도래를 요건으로 한다면 채권자에게 불측의 손해가 발생할 수 있다.[12]

채권이 조건부인 경우, 조건이 성취되기 전일 때의 채권은 다만 일종의 채권기대권에 해당할 뿐 채권의 효력이 아직 발생하지 않았기에 채무자의 사해행위는 그 채권자를 해한다고 보기는 어렵다는 것이 통설이다.[13]

---

[8] 申卫星,「论债权人撤销权的构成-兼评我国合同法74条」,『法制与社会发展』, 吉林大学, 2000年第2期, 42頁; 王利明,『合同法研究(第二卷)』, 中国人民大学出版社, 2015, 131頁.
[9] 韩世远,「债权人撤销权研究」,『比较法研究』, 中国政法大学比较法研究所, 2004年第3期, 40頁.
[10] 王洪亮,『债法总论』, 北京大学出版社, 2016, 149頁; 史尚宽,『债法总论』, 中国政法大学出版社, 2000, 480頁; 申卫星, 앞의 글, 2000, 41~42頁; 韩世远, 위의 글, 40頁.
[11] 이순동,『채권자취소권』, 육법사, 2012, 133쪽.
[12] 申卫星, 앞의 글, 2000, 41~42頁; 王洪亮, 앞의 책, 2016, 149頁.
[13] 王利明, 앞의 책, 2015, 132頁; 王洪亮,「<民法典>第538条(撤销债务人无偿行为)评注」,『南京大学学报(哲学·人文科学·社会科学)』, 南京大学, 2021年第6期.

Ⅱ. 피보전채권의 성립시기

피보전채권은 원칙적으로 사해행위 이전에 발생된 것을 요한다.[14] 채권자는 채권성립 당시의 채무자의 자력을 신용의 기초로 하기 때문에 신탁재산이 채무자의 공동담보로 포함되어 있을 때, 즉 사해신탁행위 이전에 존재한 채권만이 사해신탁취소권의 피보전권리로 될 수 있다. 다시 말해서, 사해신탁행위 후의 채권자는 신탁재산을 채무자의 일반담보로 생각하지 않았을 것이므로 신탁재산 만큼의 재산의 감소는 이들을 해한다고 할 수 없기 때문에 보호의 대상에 포함되지 않는다.

다만 조건부 채권의 조건이 성취되기 전일 때이지만, 사해행위 당시에 이미 기초법률관계가 유효하게 형성되어 있고, 장래에 그 법률관계에 기하여 채권이 성립될 가능성이 클 경우에는 이를 피보전채권으로 하여 취소를 구할 수 있다는 취지의 판결[15]과 학설[16]이 있다. 한국에서도 예외적으로 사해행위 당시에 성립하지 않은 채권이지만 다음 요건을 갖춘 경우 피보전채권이 될 수 있다고 보는 판례가 있다.[17] 그 요건으로는 ① 사해행위 당시에 이미 채권성립의 기초가 되는 법률관계가 발생되어 있고, ② 가까운 장

---

[14] 上海市浦東新区人民法院(2018)沪0115民初71379号民事裁定书; 宁夏回族自治区高級人民法院(2012)宁民提字第34号民事判决书.
[15] 江苏省高級人民法院(2016)苏民终515号民事判决书.
[16] 史尚寬, 앞의 책, 2000, 480頁.
[17] 대법원 1997. 10. 28. 선고 97다34334 판결; 대법원 1999. 11. 12. 선고 99다29916 판결; 대법원 2001. 2. 9. 선고 2000다63516 판결; 대법원 2001. 3. 23. 선고 2000다37821 판결; 대법원 2002. 3. 29. 선고 2001다81870 판결; 대법원 2002. 4. 12. 선고 2000다43352 판결; 대법원 2002. 11. 8. 선고 2002다42957 판결; 대법원 2002. 11. 26. 선고 2000다64038 판결; 대법원 2004. 7. 9. 선고 2004다12004 판결; 대법원 2004. 11. 12. 선고 2004다40955 판결; 대법원 2009. 11. 12. 선고 2009다53437 판결 등.

래에 그 법률관계에 터잡아 채권이 성립되리라는 점에 대한 고도의 개연성이 있으며, ③ 실제로 가까운 장래에 그 개연성이 현실화되어 채권이 성립되었을 것 등이다. 여기에서의 '채권성립의 기초가 되는 법률관계'는 당사자 사이의 약정에 의한 법률관계에 한정되는 것이 아니고, 채권성립의 개연성이 있는 준법률관계나 사실관계 등을 널리 포함하는 것으로 보며, 따라서 당사자 사이에 채권발생을 목적으로 하는 계약의 교섭이 상당히 진행되어 그 계약체결의 개연성이 고도로 높아진 단계도 여기에 포함되는 것으로 본다.[18] 이는 이와 같은 경우에도 채권자를 위하여 책임재산을 보전할 필요가 있고, 채무자에게 채권자를 해한다는 점에 대한 인식이 있었다고 볼 수 있기 때문이다.[19]

이상에서 살펴본 바와 같이, 피보전채권의 성립시기 요건에 관하여 사해행위 이전에 발생된 것임을 원칙으로 하되, 사해행위 전에 채권이 성립되지 않았지만 가까운 장래에 채권이 성립될 고도의 개연성이 있는 경우 채권을 예외적으로 인정함으로써 요건을 완화하는 것이 타당하다고 생각된다.

---

[18] 대법원 2002. 11. 8. 선고 2002다42957 판결.
[19] 대법원 1995. 11. 28. 선고 95다27905 판결.

제4절
사해성

I. 사해성의 의미

위탁자의 신탁행위에 대한 취소가 인정되려면 '채권자를 해'하는 경우여야 한다. 즉 신탁행위의 사해성을 요하는데, 이를 단순히 '채권자의 이익을 해'하는 경우라고 잘못 이해하는 경우가 있다. 예컨대, 채권자와 채무자 사이에 토지매매계약을 체결하였는데 채무자가 일방으로 계약해지를 선고하고 신탁을 설정한 사안에서, 법원은 채무자의 자력에 대한 조사·판단 없이 단지 채무자가 신탁을 설정함으로써 채권자는 토지소유권이전등기 청구를 할 수 없게 되었다는 이유만으로 채무자의 신탁행위는 채권자를 해하였다고 판단하고 사해신탁취소의 판결을 내렸다.[20]

신탁행위의 사해성을 판단함에 있어서는 일반적인 사해행위 판단기준에 따른다. 이에 대해 중국에서 무자력설이 통설이고 무자력에 대한 판단기준은 채무초과설을 취하고 있다.[21] 채무자의 재산처분행위로 책임재산이 감소되어 채권자가 채권의 만족을 얻을 수 없게 되는 경우,[22] 다시 말해서 소극재산이 적극재산보

---

[20] 臺灣高等法院臺中分院101年度重上字第95號民事判決. 판결을 받고 당사자가 대법원에 상고하였고 대법원은 "신탁행위로 인하여 채무자의 적극재산의 감소 또는 소극재산의 증가가 신탁행위 전의 채권자의 채권 실행을 해하였는지를 판단하는 것이 신탁법 제6조 제1항(사해신탁 조항)을 적용하는 데 관건적인데 원심은 이에 대한 검토가 없었다."고 지적하고 원심판결을 파기하였다. 最高法院108年度台上字第866號民事判決.
[21] 崔建远,「论债权人撤销权的构成」,『清华法学』, 清华大学, 2020年第3期, 145頁.
[22] 赵廉慧,『债法总论要义』, 中国法制出版社, 2009, 210頁; 王利明,『债法总则』, 中国人民大学出版社, 2016, 421頁; 杨立新,『债法』, 中国人民大学出版社, 2018, 110 頁.

다 많아지게 되는 경우에 채권자의 권리행사가 허용된다는 것이다. 그리고 채무초과상태가 된 경우인 뿐만 아니라, 이미 채무초과상태가 된 채무자가 재산의 처분으로 인하여 더욱 악화된 경우도 포함된다.[23]

한편, 채무자의 채무총액과 적극재산의 총액에 대한 수량적 비교를 통해 채무자의 자력을 판단하는 것보다, 채무자의 통제가능한 자산이 채권자의 채권을 만족할 수 있는지 여부를 기준으로 판단하는 것이 더욱 실효성이 있다고 보는 견해도 있다.[24] 이는 채무자의 적극재산에서 변제 받기 어려운 채권을 제외시켜야 한다는 입장인 것이다.

중국 법원은 통상적으로 채무자 행위의 사해성을 판단함에 있어서, ① 채무자가 이행기가 도래한 채무를 변제하지 않고, ② 또한 채무를 변제할 재산이 없는 것 또는 변제능력이 없는 것을 근거로 하고 있다.[25] 이에 비하여, 한국은 더욱 종합적으로 고려하여 판단하고 있다. 구체적으로 보면, "행위목적물이 채무자의 전체 책임재산 가운데에서 차지하는 비중, 무자력의 정도, 법률행위의 경제적 목적이 갖는 정당성 및 그 실현수단인 당해 행위의 상당성, 행위의 의무성 또는 불가피성, 채무자와 수익자 간 통모의 유무와 같은 공동담보의 부족 위험에 대한 당사자의 인식의 정도 등"을 고려하여, 그 행위를 "궁극적으로 일반채권자를 해하는 행위로 볼 수 있는지 여부"에 따라서 판단한다.[26] 참고할 가치가 있다고 본다.

---

[23] 陈韵希, 「论民事实体法秩序下偏颇行为的撤销」, 『法学家』, 中国人民大学, 2018年第3期, 128頁; 最高人民法院(2015)民二终字第322号民事判决书.
[24] 崔建远, 앞의 글, 2020, 145頁.
[25] 最高人民法院(2009)民二提字58号民事判决书; 最高人民法院(2005)民二终字第172号民事判决书.

Ⅱ. 사해성의 판단기준

신탁의 구조에서 알 수 있듯이, 신탁에서 신탁재산의 귀속주체와 신탁재산의 이익을 취득하는 주체가 분리되어 있다. 따라서 신탁에서 신탁행위의 사해성을 판단함에 있어서 민법상 일반 사해행위와의 구별점은, 신탁에서는 채무자의 상대방이 신탁재산에서 발생하는 이익을 취득하는 것이 아니라, 제3자인 신탁수익자가 그 귀속주체이기 때문에, 위탁자와 수익자가 동일한지 여부에 따라 고려사항이 다를 것이다. 이하에서는 위탁자가 아닌 제3자가 수익자가 되는 타익신탁과 위탁자가 수익자의 지위를 겸하는 자익신탁으로 나누어 살펴보겠다.

1. 타익신탁

수익자는 신탁에서 신탁수익권을 향유하는 자이고 위탁자도 수익자로 될 수 있는데(중국 신탁법 제43조 본문 및 제1항), 타익신탁은 위탁자 자신이 아니라 제3자가 수익자가 되는 신탁을 말한다. 신탁이 설정되면 신탁재산이 수탁자에게 이전되어 위탁자의 책임재산이 신탁재산 만큼 감소되고, 수익권은 제3자에게 귀속된다. 따라서 신탁설정으로 인해 채무자가 무자력상태에 빠지게 되면, 일견 사해성을 충족시키는 행위로 추정된다고 볼 것이다.[27]

예컨대 채무자가 자기 소유 토지의 2분의 1을 원고에게 보수로

---

[26] 대법원 2010. 9. 30. 선고 2007다2718 판결.
[27] 王志诚, 『信託法(第九版)』, 五南图书出版公司, 2021, 121頁.

지급하기로 약정한 사안에서, 무자력인 채무자가 토지에 관하여 타익신탁을 설정함으로써 책임재산을 감소시키는 동시에 신탁재산의 독립성원칙을 이용하여 원고가 해당 재산에 대하여 강제집행 할 수 없게 하는 것은 채권자를 해하는 행위라고 판단하였다.[28]

그러나 총 채권자를 수익자로 한 경우에는 책임재산 감소에 상응하는 담보권 증가가 수반되므로 사해성을 인정할 수 없다고 보아야 한다.[29] 그리고 부양권 의무를 이행하기 위해 신탁을 설정하는 경우, 부양비를 지급하기 위한 합리적인 범위 내에서라면 그 신탁행위의 사해성을 인정하지 않아야 한다는 견해가 있다.[30]

2. 자익신탁

자익신탁은 위탁자가 동시에 수익자인 신탁을 말한다. 즉, 신탁재산이 위탁자의 신탁행위로 인해 위탁자의 책임재산으로부터 수탁자에게 이전되지만, 신탁의 수익권은 위탁자에게 귀속되어 그 책임재산에 포함된다. 따라서 타익신탁과 달리 위탁자의 채권자는 수익권에 대하여 강제집행 할 수 있다. 그러나 이렇다고 해서 자익신탁은 무조건 사해신탁이 아니라고 단정해서는 안 되고, 수익권을 포함해 위탁자의 변제능력이 실질적으로 감소되었지를 보아야 한다.[31] 여기서 신탁종료 후 반환 받을 수 있는 재산도 고려해야 할 것이다.

---

[28] 臺灣高等法院臺中分院101年度上字第66號民事判決.
[29] 이중기·이영경, 앞의 책, 2022, 97쪽.
[30] 赵廉慧,『信托法解释论』, 中国法制出版社, 2015, 155頁; 卞耀武 編, 앞의 책, 2002, 274頁.
[31] 최수정,『신탁법』, 박영사, 2019, 210쪽.

예컨대 무자력인 채무자가 부동산 관리 및 처분을 목적으로 자익신탁을 설정한 사안에서, "자익신탁이라고 하여 채권자를 해하지 않는다고 인정하지 않는다. 그렇지 않으면 채무자는 채권을 변제하지 않으면서도 이 사건 부동산을 계속 사용할 수 있게 되는데, 이는 공평에 어긋난다."고 판단하였다.[32] 이러한 판시를 하게 된 결정적인 요소는, 채무자는 수탁자 앞으로 부동산에 관한 소유권이전등기를 마친 후에도 계속 거기에서 거주하고 있었고 수탁자도 적극적인 관리 및 처분행위를 행하지 않았기에 아무런 신탁수익(임대수익 또는 처분수익)이 없었기 때문이다. 즉, 부동산의 사용권은 사실상 여전히 채무자가 갖고 있었다고 볼 수 있다. 따라서 "자익신탁으로서 채무자의 총재산은 실질적으로 감소되지 않았지만" 신탁설정으로 채권자는 신탁재산에 대해 강제집행을 할 수 없게 되었고, 또한 아무런 신탁수익이 없었으며 신탁설정 당시 채무자는 이미 무자력인 상태에 처하여 있었다는 근거에서 그 사해성을 인정하였다.

수익권을 평가함에 있어서는, "실질적으로 재산적 가치가 없는" 것은 제외하고, "용이하게 변제 받을 수 있는 확실성이 있다는 것이 합리적으로 긍정되는 경우에 한하여"[33] 평가하는 것이 타당하다. 이는 수익권이 위탁자의 책임재산에 속하기 때문에 적극재산을 평가하는 기준을 적용한 것이다. 그러나 시장 요소를 고려할 때, 수익권을 쉽게 단기에 현금화하기 어려운 상황이라면, 채권자의 채권은 만족되기가 힘들 것이라는 지적이 있다.[34]

---

[32] 臺灣高等法院105年度重上字第962号.
[33] 대법원 2013. 12. 12. 선고 2012다111401 판결; 대법원 2021. 6. 10. 선고 2017다254891 판결.
[34] 趙廉慧, 앞의 책, 2015, 156頁.

Ⅲ. 사해성의 판단시기

채권자를 해하는지 여부는 사해행위의 행위시는 물론 사실심 변론종결시 기준으로도 판단해야 한다.[35] 왜냐하면, 사해행위의 행위시는 채권자를 해하는 상황이었지만, 그후 채무자의 자력이 회복되었다면 책임재산 보전의 필요성이 없어지므로 사해신탁취소권은 소멸하는 것으로 보아야 하기 때문이다. 따라서 사실심 변론종결시에도 그 사해성이 필요하다는 것이 통설이다. 채무자 자력 회복에 대한 증명책임은 채무자에게 있고, 채무자가 증명할 수 없거나 증명하지 않는 경우에는 채무자의 거래상대방이 증명하여도 된다.[36]

제5절
한국 사해신탁제도와의 비교

입법례를 살펴보면, 주관적 요건과 객관적 요건을 모두 성립요건에 포함시키는 입법례[37]가 있는가 하면, 객관적 요건만 요구하는 입법례가 존재한다. 중국은 후자의 입법방식을 취하고 있는 반면, 한국은 전자의 입법방식을 취하고 있다.

---

[35] 史尚寬, 앞의 책, 2000, 486~487頁; 最高人民法院民法典贯彻实施工作领导小组主 编, 『中华人民共和国民法典合同编理解与适用(一)』, 人民法院出版社 2020, 529~530頁; 沈德咏 · 奚晓明 主 编, 『最高人民法院关于合同法司法解释(二)理解与适用』, 人民法院出版社, 2009, 142頁.
[36] 王洪亮, 앞의 글, 2021, 156頁.
[37] 한국(제8조) 및 일본(제11조) 신탁법상은 사해신탁취소권의 성립요건에 위탁자의 사해의사와 신탁의 사해성을 모두 포함시키고 있다.

앞에서 본 바와 같이, 중국 사해신탁제도의 성립요건은 사해신탁이 성립하였을 것, 피보전채권이 존재할 것, 사해행위의 사해성이 존재할 것 등 객관적 요건만으로 구성되었다. 한국은 이러한 객관적 요건뿐만 아니라 주관적 요건도 요하고 있다. 한국 신탁법 제8조 제1항은 "채무자가 채권자를 해함을 알면서 신탁을 설정한 경우" 채권자는 수탁자의 선의 여부를 불문하고 취소권을 행사할 수 있고, "다만, 수익자가 수익권을 취득할 당시 채권자를 해함을 알지 못한 경우에는 그러하지 아니하다."고 규정함으로써 위탁자와 수익자의 사해의사를 사해신탁취소권의 성립요건으로 하고 있다.

위탁자의 사해의사란 채무자의 재산처분행위에 의해 그 재산이 감소되어 채권의 공동담보에 부족이 생기거나 이미 부족한 상태에 있는 공동담보가 한층 더 부족하게 되어 채권자의 채권을 만족시킬 수 없게 된다는 사실, 즉 채권자를 해함을 안다는 것을 말한다.[38] 이때 안다는 것은 의도나 의욕을 의미하는 것이 아니라 단순히 인식으로 충분하다. 그리고 이러한 인식은 일반채권자에 대한 관계에서 있으면 충분하고, 특정의 채권자를 해한다는 인식이 있어야 하는 것은 아니다.[39] 사해의사 판단은 '사해행위 당시의 사정'을 기준으로 하지만, "사해행위라고 주장되는 행위 이후의 채무자의 변제노력과 채권자의 태도 등"도 간접사실로 삼을 수 있다.[40]

수익자가 "수익권을 취득할 당시 채권자를 해함을 알지 못한 경

---

[38] 최수정, 앞의 책, 2019, 214쪽.
[39] 법무부, 『신탁법 해설』, 법무부, 2012, 80쪽; 무궁화신탁법연구회 · 광장신탁법연구회, 『주석 신탁법』, 박영사, 2021, 70쪽; 오창석, 「개정 신탁법의 실무상 쟁점: 개정 신탁법상 사해신탁취소제도의 개관」, 『BFL』 제62권, 서울대학교 금융법센터, 2013, 32쪽.
[40] 대법원 2000. 12. 8. 선고 99다31940 판결; 대법원 2003. 12. 12. 선고 2001다57884 판결; 대법원 2012. 10. 11. 자 2010마2066 결정.

우", 채권자는 사해신탁취소권을 행사할 수 없다(한국 신탁법 제8조 제1항 단서). 즉, 수익자의 사해의사 역시 사해신탁취소권의 성립요건이다. 여기서 수익자의 악의란 수익자가 채무자의 사해행위가 채권자를 해함을 안다는 것을 말한다. 수익자 선의 여부의 판단시점은 '수익권 취득할 당시'이다(동법 제8조 제1항 단서). 그러나 수익권 취득시점과 수익권 취득사실을 알게 된 시점 사이에 시차가 있고, 수익자로 지정된 때에는 수익자가 선의였으나 그 지정 사실을 안 때에는 악의인 경우가 있을 수 있다. 이러한 수익자를 선의의 수익자로 보호해 주는 것은 적절하지 않기에, 수익권의 최초 취득의 경우에는 수익자로 지정된 사실을 안 때에 악의이면 '수익권을 취득할 당시' 악의의 수익자에 해당된다고 보는 견해가 있다.[41] 입법론으로 선의의 판단시점을 수익권 취득사실을 알게 된 시점을 기준으로 하는 것이 타당할 것이다.[42] 수익자가 복수인 경우, 수익자 중 악의의 수익자만을 상대로 취소권을 행사할 수 있다(동법 제8조 제2항). 즉, 수익자가 다수인 경우에 모든 수익자가 악의여야 수탁자에 대해 취소권을 행사할 수 있다.[43]

이와 같이, 한국 사해신탁취소권의 성립요건 중 주관적요건은 위탁자와 수익자의 악의만 요하고 수탁자의 선의여부는 불문한다. 이는 수탁자는 이익을 향수하는 주체가 아니므로 신탁이 취소되어도 이해관계가 없기 때문이라고 보는 것이 통설이다.[44] 즉, 수

---

[41] 한민, 「사해신탁의 취소와 부인 - 채무자회생법 개정안에 관한 주요 논점을 중심으로 -」, 『BFL』제53권, 서울대학교 금융법센터, 2012, 12쪽.
[42] 정순섭, 앞의 책, 2021, 18쪽; 최수정, 앞의 책, 2019, 219~220쪽.
[43] 최수정, 앞의 책, 2019, 217쪽.
[44] 정순섭, 앞의 책, 2021, 185쪽; 최수정, 위의 책, 215쪽; 임채웅, 「사해신탁의 연구」, 『법조』제55권 제9호, 법조협회, 2006, 24~26쪽.

탁자는 민법상 채권자취소권에서 말하는 "이익을 받은 자"에 해당하지 않고 다만 신탁재산의 명의자·관리자에 불과하기에 취소가 되더라도 실질적인 손해가 발생하는 않는 바, 그 선의·악의가 문제될 여지가 없다고 본 것이다.[45] 반면 사해신탁을 근거로 한 취소소송 및 처분금지가처분으로 수탁자인 신탁회사 등이 불안정한 지위에 놓이게 되고, 부동산신탁의 경우 수탁자는 단순히 수탁수수료만 받고 운용하는 것이 아니라 신탁재산인 부동산에 건물을 신축하는 등 투자를 하여 그로부터 얻은 수익에서 수입을 얻는 경우도 있으므로 신탁재산으로부터 이익을 얻는 지위에 없다는 이유만으로 신탁의 취소를 허용한다는 것은 부당하다는 견해도 있다.[46] 수탁자의 선의 여부가 취소권의 성립요건은 아니지만, 신탁이 취소되는 경우 선의의 수탁자의 반환범위를 현존하는 신탁재산의 범위내로 한정하는(동법 제8조 제3항) 방법으로 위탁자의 채권자와 선의의 수탁자에 대한 보호의 조화를 기하고 있다.[47]

주관적 악의를 입증하는 것이 객관적 사해성을 입증하기 보다 어려운 점을 고려할 때 두 가지 요건을 모두 갖추어야 하는 한국보다 중국 현행 신탁법은 채권자의 증명책임을 감소시킴으로써 더욱 용이하게 사해신탁취소권을 행사할 수 있는 조건을 마련해 주었다고 볼 수 있다. 즉, 중국의 사해신탁제도는 주관적 요건을 요하지 않는 이상, 채권자가 더욱 쉽게 취소권을 행사할 수 있을 것이다.

---

[45] 무궁화신탁법연구회·광장신탁법연구회, 앞의 책, 2021, 71~72쪽.
[46] 이재욱, 「부동산신탁 및 부동산뮤추얼펀드 등의 함정」, 법률신문사, 『법률신문』 2000. 8. 9. 자; 최수정, 『일본 신신탁법』, 진원사, 2007, 24~25쪽.
[47] 법무부, 앞의 책, 2012, 82~83쪽.

04
사해신탁취소권의 행사와 효과

제1절
사해신탁취소권의 행사

I. 행사범위

채권자가 사해신탁취소권을 행사함에 있어서는 원칙적으로 채권자 자신의 피보전채권의 범위에 한하여 취소권을 행사해야 하고,[1] 채권자에게 우선변제권이 확보되어 있는 경우에는 그 부분을 채권액에서 공제한 나머지 부분을 행사범위로 보아야 한다. 다만 사해행위의 목적물이 불가분인 경우에는 채권액을 초과하여 취소권을 행사할 수 있다.[2]

---

[1] 중국 민법 제540조은 명문으로 "취소권의 행사범위는 채권자의 채권의 범위에 한정된다."고 규정하였다.
[2] 韩世远, 『合同法总论(第四版)』, 法律出版社, 2018, 471頁; 王洪亮, 『債法总论』, 北京大学出版

한편, 취소권은 일탈한 채무자의 책임재산을 총채권자를 위하여 채무자에게 복귀시키기 위한 제도로서, 취소권을 행사하는 채권자의 채권액에만 한정하는 것이 아니라, 전체 일반채권자의 전부 채권을 행사의 한도로 보아야 한다는 견해도 있다.[3] 중국은 채권자평등주의를 취하고 있기에, 취소권을 행사한 채권자는 채무자의 책임재산으로 회복된 신탁재산에 대하여 그 채권액에 안분한 만큼의 채권만 지급받을 수 있을 뿐이라는 논거를 들고 있다.

그러나 이러한 견해는 취소권은 직접 채권의 만족을 얻기 위한 것이 아니라, 그 보전이나 준비를 위한 것이라는 점을 간과한 것이다. 취소의 결과 신탁재산을 채권자 전원을 대상으로 각 채권자별로 안분하여 채권의 변제에 충당하는 것이 아니고, 취소채권자가 강제집행의 방법에 의하여 배당요구를 하고 그에 따른 분배절차를 거쳐야 채권의 만족을 얻게 되는 것이다.[4] 또한, 취소의 행사범위를 전체 일반채권자의 전부 채권을 한도로 한다면, 취소의 범위가 지나치게 확대되어 채무자의 재산처분의 자유와 거래의 안전[5]을 해치는 불공평한 상황이 자주 일어날 수 있을 것이다.

社, 2016, 154頁; 魏振瀛, 『民法』, 北京大学出版社, 2010, 371~372頁; 崔建远, 『合同法(第六版)』, 法律出版社, 2016, 133頁.
[3] 崔建远, 『合同法总论 : 中卷』, 中国人民大学出版社, 2016, 306頁.
[4] 韩世远, 「债权人撤销权研究」, 『比较法研究』, 中国政法大学比较法研究所, 2004年第3期, 48頁; 王洪亮, 앞의 책, 2016, 156頁.
[5] 현행법은 거래의 안전에 대한 영향을 최소화하는 것을 목적으로 하고 있다. 魏振瀛, 앞의 책, 2010, 371~372頁; 崔建远, 앞의 책, 2016, 133頁.

Ⅱ. 행사방법

중국 현행 신탁법에 따르면 사해신탁취소권은 반드시 소에 의해야 하고(중국 신탁법 제12조 제1항) 항변에 의하여 행사할 수 없다. 또한 사해신탁취소권은 위탁자의 채권자의 공동담보 보전을 위하여 채권자에게 인정된 권리이므로 청구권자는 위탁자의 채권자라는 데 문제가 없다. 사해신탁취소권은 또한 채권자대위권의 목적이 될 수 있으므로[6] 위탁자의 채권자의 채권자는 대위권의 행사에 의하여 취소소송의 청구권자가 될 수 있다. 그러나 사해신탁취소권의 행사상대방이 누구인지에 대하여 조문상 명시되어 있지 않다. 앞서 본 바와 같이, 채권자취소권과 사해신탁취소권의 관계를 고려할 때 사해신탁에서 권리의 행사에 있어서도 채권자취소권의 법리가 적용될 수 있을 것이다. 그렇다면 채권자취소권의 행사상대방(제2장 제3절3. 채권자취소권의 행사와 효과)이 채무자이기 때문에 사해신탁취소권의 행사 상대방도 동일하다고 보는 것이 타당할 것이다. 그리고 채무자가 사망한 경우에는 그 상속인을 상대방으로 취소권을 행사할 수 있다.[7]

신탁이 성립되기 전에 우선 변제권을 갖고 있는 채권자는 변제기가 도래하면 신탁재산에 대하여 강제집행을 통해 채권의 만족을 얻을 수 있다(동법 제17조 제1항). 그리고 신탁재산에 대한 강제집행 후에도 채권자는 사해신탁취소권을 행사할 수 있다. 따라서 채권자는 강제집행 후의 잔여재산을 수탁자로부터 위탁자에게 환원시키게

---

[6] 정순섭, 『신탁법』, 지원출판사, 2021, 188쪽.
[7] 王洪亮, 앞의 책, 2016, 154頁.

할 수 있다.

Ⅲ. 제척기간

사해신탁취소제도는 위탁자의 채권자를 구제하기 위하여 둔 제도이지만, 제한 없이 행사가 가능하다면 신탁관계의 안정성과 거래의 안전에 영향을 끼칠 것이다.[8] 따라서 이 권리에 대해 제척기간의 제한을 두었고, 사해신탁취소의 소를 채권자가 취소원인을 안 날 또는 알 수 있었던 날부터 1년 내에 제기하여야 한다(중국 신탁법 제12조 제3항). 그러나 민법상 채권자취소권의 제척기간과는 차이를 보이고 있다. 채권자취소권은 취소원인을 안 날 또는 알 수 있었던 날부터 1년, 법률행위 있은 날로부터 5년 내에 제기하여야 함으로 두 개의 제척기간을 두고 있다.

제2절
사해신탁취소권의 효과

Ⅰ. 취소의 효과

사해신탁취소권의 행사효과는 기본적으로 민법상 채권자취소권 행사의 효과에 의한다. 사해행위의 취소 효과는 원상회복의 성

---

[8] 周小明,『信托制度：法理与实务』, 中国法制出版社, 2012年第1版, 185頁.

격과 취소의 효력범위이라는 두 가지 측면에서 나누어 볼 수 있다. 먼저, 원상회복의 성격에 관하여 중국에서 절충설이 통설의 입장이고,[9] 통설에 따르면 취소권은 형성권과 청구권의 성질을 모두 갖고 있다. 따라서 사해행위의 취소부분은 형성소송의 형태를 취하고 그 효력은 물권적이다. 그러나 위탁자의 책임재산으로 회복된 신탁재산이 직접 취소권을 행사한 채권자의 채권을 만족하는 것이 아니고, 목적물의 반환을 구하는 이행소송을 제기하여야 한다. 즉 반환을 구하는 부분은 취소판결을 전제로 이행소송에 의해야 한다. 다음, 취소의 효력범위에 대해서는 그 효력은 모두에게 미치는 절대적인 것으로 보고 있다(중국 민법 제542조). 즉 중국은 절충설 중에서 취소를 중시하는 설을 취하고 있다.

Ⅱ. 수탁자와 전득자

사해신탁이 취소되면 수탁자는 신탁재산을 위탁자에게 반환할 의무, 즉 원상회복의무를 진다. 그 방법으로서 원칙상으로는 원물반환을 해야 하지만, 원물반환이 불가능하거나 원래의 상태로 회복시키는 것이 적절하지 아니한 경우에는 위탁자에게 가액배상해야 한다.

수탁자가 사해신탁이 취소되기 전에 이미 신탁재산을 처분하였을 경우에는, 신탁재산의 전득자가 원상회복의무를 진다.[10] 이는

---

[9] 魏振瀛, 앞의 책, 2010, 368頁; 崔建远, 앞의 책, 2016, 292頁; 李少伟主编,『民法学教程(第三版)』, 法律出版社, 2017, 442頁; 江平,『民法学』, 中国政法大学出版社, 2019, 450頁.
[10] 周小明, 앞의 책, 2012, 195~196頁.

신탁이 취소되면 처음부터 무효로 하는 효과를 가지기에 수탁자의 처분행위도 무효인 것이고, 전득자는 처분의 내용대로의 권리취득을 할 수 없다. 그러나 신탁재산의 전득자가 선의취득자로 인정되는 경우에는 그렇지 아니한다. 전득자가 신탁재산 취득시 ① 선의이었고, ② 합리적인 대가를 지불하였으며, ③ 등기가 완료되었다면(등기가 필요하지 않는 경우는 교부하였을 것) 선의취득에 해당하기에 반환의무를 지지 않는다(중국 민법 제310조).

Ⅲ. 수익자와 전득자

수익자는 수익권을 상실하게 될 것이며 이미 받은 수익급부는 위탁자에게 반환해야 한다. 다만, 선의의 수익자의 경우 이미 취득한 신탁수익을 반환할 의무를 지지 않는다(중국 신탁법 제12조 제2항). 수익자가 사해신탁이 취소되기 전에 수익권을 양도한 경우에 그 양도행위도 역시 무효이다.[11]

11· 周小明, 위의 책, 196頁.

제3절
한국 사해신탁제도와의 비교

Ⅰ. 사해신탁취소권의 성질 및 효과

 사해신탁취소권의 성질에 관한 입장이 다름에 따라, 누구를 피고를 하는가, 어떠한 청구를 하는가, 특히 취소권의 효과를 어떻게 해석하는가에 차이가 생길 것이다. 중국은 사해신탁취소권의 성질에 관하여 취소를 중시하는 절충설을, 취소의 효과에 관하여는 절대적 무효설을 취한다. 즉 신탁이 취소되면 채무자의 신탁행위는 물권적으로 무효가 되고, 그 무효는 누구에게 대한 관계에서도 무효인 절대적 무효이다.

 반면, 한국은 반환을 중시하는 절충설을 취하면서 취소의 효과에 관하여는 상대적 무효설의 입장이다.[12] 즉 취소의 효과는 채권자와 취소 상대방인 수탁자 또는 수익자 사이에만 미치므로, 채무자와 사이에서 그 취소로 인한 법률관계가 형성되지 아니하고 취소의 효력이 소급하여 채무자의 책임재산으로 회복되는 것도 아니다. 다시 말해서, 수익자 또는 수탁자 이외의 자에 대하여 신탁 자체는 여전히 유효한 것이다. 이와 같이, 중국과 한국은 사해신탁취소권의 성질에 대한 입장에 차이가 있다.

---

[12] 이순동, 『채권자취소권』, 육법사, 2012, 106쪽, 486쪽.

Ⅱ. 사해신탁취소의 소의 성질

한국은 사해신탁 법조문상 "민법 제406조 제1항의 취소 및 원상회복을 청구할 수 있다"라고 규정하여 사해신탁취소의 소 중 취소청구부분은 형성의 소의 성질을, 원상회복청구 부분은 이행의 소의 성질을 가지고 있다는 것을 명시하였다. 중국은 비록 법조문상 명시하지는 않았지만 해석론상 절충설을 취하고 있다.

따라서 중국과 한국은 모두 절충설을 취하고 있어 사해행위 취소부분은 형성소송의 형태를 취하고, 반환을 구하는 부분은 이행소송의 형태를 취하는 점에서는 동일하다. 그러나 취소부분에서 취소의 효력이 다르다. 중국은 절대적 무효설 입장을 취하고 있기에, 취소의 판결만 내리게 되면 그 효력은 모두에게 미치게 된다. 이에 반해, 한국인 경우는 취소소송의 상대방에 대한 관계에서만 상대적 무효를 인정하고 있다.

Ⅲ. 취소의 상대방

중국은 신탁 설정자인 채무자를 취소 상대방으로 하고 있는 반면, 한국은 수탁자 또는 수익자 중에 선택하여 취소권을 행사할 수 있도록 하였다(한국 신탁법 제8조 제1항). 즉, 수탁자에 대해 단독으로 취소권을 행사하거나, 수탁자에 대하여 취소권을 행사하지 않고 수익자에 대해서만 취소권을 행사하거나, 또는 수탁자와 수익자를 공동피고로 하여 행사하는 것 모두 가능하다.[13] 그러나 신탁행위의 당사자가 아닌 수익자를 취소 상대방으로 하는 것은 적절하지 않고,

수익자는 단지 이익의 귀속주체로서 이익의 반환 필요성은 인정되므로 원상회복의 상대방으로만 규정하는 것이 옳다는 견해가 있다.[14]

앞서 본 바와 같이, 한국은 상대적 무효설을 취하고 있기 때문에 취소채권자와 취소상대방 사이에서만 신탁이 무효가 되고, 위탁자 및 취소상대방이 아닌 자에 대한 관계에서는 유효하다.[15] 즉, 피고를 누구로 선택함에 따라 그 효과에도 차이가 있을 것이다. 먼저, 수탁자만을 피고로 하는 경우를 살펴보겠다. 수탁자에 대한 사해신탁취소 및 원상회복청구가 인정되면, 수탁자는 신탁재산을 위탁자에게 신탁재산을 반환하는 의무를 지게 되고, 수탁자는 수익자에 대하여 신탁재산만으로 책임을 지기 때문에(동법 제38조), 수익자는 위탁자에게 원상회복된 신탁재산과 관련하여 수탁자에 대해 권리행사를 할 수 없으므로 신탁재산이 반환되는 결과 수익자는 수익권을 상실하게 된다.[16] 그러나 사해신탁은 수탁자가 선의인 경우에도 취소될 수 있으므로, 선의의 수탁자에 대하여 현존하는 신탁재산의 범위 내에서만 원상회복을 청구할 수 있도록 규정함으로써 (동법 제8조 제3항) 위탁자의 채권자와 선의의 수탁자에 대한 보호의 조화를 기하고 있다.[17] 이는 수탁자와 수익자를 공동피고로 하는 경우도 동일하다. 다음은 수익자만 피고로 하는 경우이다. 수익자만을

---

[13] 이중기·이영경, 『신탁법』, 삼우사, 2022, 99쪽; 무궁화신탁법연구회·광장신탁법연구회, 『주석 신탁법』, 박영사, 2021, 77쪽; 최수정, 『신탁법』, 박영사, 2019, 224~225쪽; 오영걸, 『신탁법』, 홍문사, 2021, 118~119쪽.
[14] 정순섭, 앞의 책, 2021, 188~189쪽.
[15] 최수정, 앞의 책, 2019, 223쪽; 정순섭, 위의 책, 188쪽; 이중기·이영경, 앞의 책, 2022, 102쪽.
[16] 정순섭, 위의 책, 191쪽; 최수정, 위의 책, 224쪽.
[17] 법무부, 『신탁법 해설』, 법무부, 2012, 82~83쪽.

상대로 사해신탁을 취소하는 경우, 수익자는 수익권을 상실하게 되고 이미 수령한 수익급부는 위탁자에게 반환해야 한다. 그러나 피고가 아닌 수탁자에 대하여는 취소소송의 판결의 효력이 미치지 않으므로 수탁자가 신탁재산을 위탁자에게 반환하는 의무를 지지 않는다.[18] 마지막으로, 수탁자와 수익자를 공동피고로 하는 경우이다. 이때 사해신탁취소 및 원상회복청구가 인정되면, 위에서 본 두 가지 효과의 결합이 발생할 것이다. 즉, 수탁자는 신탁재산을 위탁자에게 반환하는 의무를 지게 되고, 동시에 수익자는 수익권을 상실하고 이미 받은 급부를 위탁자에게 반환해야 한다.

이와 같이, 중국의 절대적 무효인 취소효과에 비해 한국은 상대적 취소효과의 입장을 취하여, 채권자에게 상황에 따라 누구를 피고로 할지 선택권을 부여하였다. 수익자가 신탁수익을 수령하였는지 여부를 기준으로, 수익자가 수익급부를 받았다면 수탁자와 수익자를 상대로 사해신탁을 취소함으로써 신탁재산과 수익자가 이미 받은 신탁수익을 위탁자에게 회복시키고, 수익자가 아직 수익급부를 받지 않았다면 수탁자만을 상대로 사해신탁을 취소하더라도 충분히 그 효과를 거둘 수 있기에 수탁자만을 피고[19]로 하는 것을 원칙으로 하고 구체적인 상황에 따라 채권자가 피고를 선택하면 될 것이다. 예를 들면 수익자가 이미 급부를 받은 상황이지만 다액의 급부를 수령하여 신탁재산이 얼마 남지 않은 경우일 때는 수익자만을 피고로 하고, 먼저 수탁자만을 피고로 하여 신탁재산을 회복시켰는데도 채권자의 채권을 완전하게 만족하기 어려운 경

---

[18] 이중기 · 이영경, 앞의 책, 2022, 108쪽.
[19] 최수정, 앞의 책, 2019, 230쪽.

우에는 추가적으로 수익자에 대하여 취소소송을 제기함으로써 수익자가 이미 받은 수익급부를 반환하게 할 수도 있다.[20]

IV. 수익권양도청구권

1. 의의

한국은 사해신탁취소가 문제되는 사안에서 채권자에게 신탁취소와 원상회복 청구를 통한 구제 수단 외에 채권자에게 또한 수익권 양도청구권을 부여하였다. 즉, 채권자는 악의의 수익자에게 그가 취득한 수익권을 위탁자에게 양도할 것을 청구할 수 있다(한국 신탁법 제8조 제5항 전단). 사해신탁취소권과 수익권양도청구권의 관계에 대하여, 양자를 "선택적으로 또는 병행하여" 행사할 수 있다는 견해[21]가 있는가 하면, 수익권양도를 원상회복의 방법으로 보는 견해[22]도 있다. 그러나 사해신탁취소권이 먼저 행사되면 신탁계약이 취소되므로 수익권 자체가 소멸되고, 또한 수익권 자체의 양도와 원상회복은 다른 개념이기에 양자 중 하나를 선택적으로 행사할 수 있다고 보는 것이 통설이다.[23]

---

[20] 이중기·이영경, 앞의 책, 2022, 108쪽.
[21] 김태진, 「사해신탁취소권에 관한 개정 신탁법의 해석과 재구성」, 『선진상사법률연구』제59호, 법무부, 2012, 203쪽.
[22] 한상곤, 「사해신탁취소권의 행사에 관한 법적 고찰」, 『경희법학』제49권 제3호, 경희법학연구소, 2014, 88~89쪽.
[23] 정순섭, 앞의 책, 2021, 197쪽; 최수정, 앞의 책, 2019, 229쪽; 오영걸, 앞의 책, 2021, 122쪽; 이중기·이영경, 앞의 책, 2022, 109쪽; 무궁화신탁법연구회·광장신탁법연구회, 앞의 책, 2021, 87~88쪽; 양형우, 「사해신탁과 부인권의 관계」, 『민사법학』제61호, 한국민사법학회, 2012, 350쪽.

수익권양도청구권 제도는 개정신탁법에 신설된 것이다. 신탁법 개정안[24]에 의하면, 수익권양도청구권은 사해신탁을 취소할 수 없는 경우에 채권자가 이에 갈음하여 책임재산을 확보할 수 있는 수단으로 허여된 것이다.[25] 개정안은 수탁자의 주관적요인과 취득양태 모두를 사해신탁취소권의 성립요건으로 인정하였기에 수탁자가 선의이고 유상으로 신탁을 인수한 경우 채권자는 사해신탁취소권을 행사할 수 없다. 그러나 이때 악의의 수익자나 수익권의 무상취득자에 대하여 아무런 책임을 인정하지 않으면 위탁자가 사해신탁을 유지하는 수단으로 악용할 우려가 있기 때문에, 사해신탁을 취소할 수는 없지만 장래의 책임재산의 확보를 통한 실질적으로 사해신탁을 취소한 것과 같은 이익을 누릴 수 있게 하는 수익권양도청구권 제도를 도입한 것이다.[26] 그러나 현재의 조문구조상 그러한 취지를 확인할 수 없다.[27] 현행법은 사해신탁취소권과 수익권양도청구권 중 하나를 선택하여 행사할 수 있는 구조이기에

---

[24] 신탁법개정안 제8조(사해신탁) ①채무자가 채권자를 해함을 알면서 신탁을 설정한 경우 채권자는 수탁자나 수익자에게 민법 제406조 제1항의 취소 및 원상회복을 청구할 수 있다. 다만, 수탁자가 유상으로 신탁을 인수하거나 수익자가 유상으로 수익권을 취득할 당시 채권자를 해함을 알지 못한 경우에는 그러하지 아니하다.
②신탁이 취소되어 신탁재산이 원상회복된 경우 위탁자는 취소된 신탁과 관련하여 그 신탁의 수탁자와 거래한 선의의 제3자에 대하여 원상회복된 신탁재산의 한도 내에서 책임을 진다.
③선의의 수탁자가 유상으로 신탁을 인수하여 신탁이 취소되지 못한 경우 채권자는 악의의 수익자나 수익권의 무상취득자에게 그가 취득한 수익권 및 그 밖의 이익을 위탁자에게 양도할 것을 청구할 수 있다.
④선의의 수익자가 유상으로 수익권을 취득하여 신탁이 취소되지 못한 경우 채권자는 악의의 수탁자에게 그가 받은 보수 및 그 밖의 이익을 위탁자에게 양도할 것을 청구할 수 있다.
⑤제3항 또는 제4항의 경우 위탁자와 사해신탁의 설정을 공모하거나 위탁자에게 사해신탁의 설정을 교사·방조한수익자 또는 수탁자는 위탁자와 연대하여 이로 인하여 채권자가 받은 손해를 배상할 책임을 진다.
[25] 최수정, 앞의 책, 2019, 227쪽.
[26] 법무부,『신탁법 개정안 해설』, 법무부 상사법무과, 2010, 81쪽.
[27] 최수정, 앞의 책, 2019, 227쪽; 정순섭, 앞의 책, 2021, 196쪽.

전자를 택하여 수익자에 대한 원상회복의 범위를 이미 받은 수익으로 한정할 경우, 수익권양도청구권은 악의의 수익자가 장래에 받을 이익에 관하여 그 수익권을 위탁자에게 양도하도록 하는 데에 의미가 있다.[28]

이러한 양도청구권은 상법 제17조 제2항 영업주의 상업사용인에 대한 개입권 관련 규정 등에서 인정되는 양도청구권의 예를 따른 것으로 보는 견해가 있다.[29] 반면, 상법상의 개입권은 영업주의 보호를 위해 의무위반으로 받은 경제적 이익을 박탈하는 권리인데, 사해신탁에서 악의의 수익자에 대한 수익권양도청구권은 의무위반을 전제로 한 이익의 박탈이라고 하는 취지와는 다르다고 보는 견해도 있다.[30]

2. 내용

수익권양도청구권은 채권자가 악의의 수익자에게 그가 취득한 수익권을 위탁자에게 양도할 것을 청구할 수 있는 권리로서(한국 신탁법 제8조 제5항) 사해신탁취소권 중 취소권에 해당한다.[31] 청구권의 상대방은 악의의 수익자에 한정되고 채권자가 청구권을 행사하기 위해서는 사해신탁의 요건이 충족되어야 한다.[32] 즉, 피보전채권이 금전채권이고 신탁행위 이전에 성립한 것이며, 위탁자가 사해행위

---

[28] 정순섭, 위의 책, 196쪽; 무궁화신탁법연구회·광장신탁법연구회, 앞의 책, 2021, 87쪽; 한민, 「사해신탁의 취소와 부인 - 채무자회생법 개정안에 관한 주요 논점을 중심으로-」, 『BFL』 제53권, 서울대학교 금융법센터, 2012, 10쪽.
[29] 무궁화신탁법연구회·광장신탁법연구회, 위의 책, 87쪽.
[30] 최수정, 앞의 책, 2019, 227쪽.
[31] 정순섭, 앞의 책, 2021, 196쪽.
[32] 최수정, 앞의 책, 2019, 228쪽; 정순섭, 위의 책, 197쪽; 오영걸, 앞의 책, 2021, 121쪽.

시 사해의사를 가지고, 수익자는 수익권 취득시 채권자를 해함을 알고 있어야 한다.

채권자는 악의의 수익자의 수익권의 일부 양도만을 청구할 수 있고, 이때 수익권의 일부 양도는 수익권의 양적 일부를 뜻하며, 질적인 일부의 분리양도는 신탁의 본질에 반하므로 인정되지 않는다.[33] 또, 채권의 금액이 악의의 수익자가 갖는 한 개의 수익권의 가액에 미치지 못하는 경우에는 채권자는 당해 한 개의 수익권을 위탁자에게 양도할 것을 청구할 수도 있다.[34]

악의의 수익자가 수익권을 양도한 경우에 대하여 학설은 일치하지 않다. 일부 견해는 양수인이 선의인 경우에는 채권자는 당해 악의의 수익자를 상대로 수익권양도에 갈음하여 수익권의 가액배상을 청구할 수 있다고 보고 있다.[35] 다른 일부 견해는 수익권이 전부 양도되었다면 양도인은 더 이상 수익자의 지위를 가지지 않기 때문에, 채권자는 양도인에 대해 수익권의 양도를 청구할 수 없으며, 따라서 수익권의 양도에 갈음하는 가액배상도 청구할 수 없다고 보고 있다.[36]

또, 민법 제406조 제2항을 준용하고 있기 때문에(한국 신탁법 제8조 제5항 후단) 민법상 채권자취소권과 같은 제척기간을 적용한다. 수익권양도청구권은 사해신탁을 안 날로부터 1년, 사해신탁이 있는 날로부터 5년 내에 행사하여야 한다.

---

[33] 이근영, 「신탁수익권의 양도에 관한 고찰」, 『비교사법』 제22권 제1호, 한국비교사법학회, 2015, 265쪽.
[34] 무궁화신탁법연구회 · 광장신탁법연구회, 앞의 책, 2021, 88쪽; 임채웅, 『신탁법연구』, 박영사, 2009, 163쪽.
[35] 한민, 앞의 글, 2012, 12~13쪽; 정순섭, 앞의 책, 2021, 198쪽; 무궁화신탁법연구회 · 광장신탁법연구회, 위의 책, 88쪽; 임채웅, 위의 책, 2009, 163쪽.
[36] 최수정, 앞의 책, 2019, 228쪽.

3. 효력

채권자가 악의의 수익자에 대하여 수익권양도청구권을 행사하면 수익권이 위탁자에게 양도되는 효과가 발생한다. 그 결과, 양도된 수익권은 위탁자의 책임재산에 귀속하게 된다. 여기서 악의의 수익자가 신탁재산으로부터 이미 수령한 이익은 수익권이라고 볼 수 없기 때문에 양도대상에 포함되지 않는다.[37] 한편, 수익권양도청구권은 신탁의 존재를 전제로 하기 때문에, 청구권이 행사되어도 사해신탁은 여전히 존속한다.

4. 중국법상 도입 의의

한국은 사해신탁제도에 수익권양도청구권을 도입함으로써, 채권자는 사해신탁취소권 또는 수익권양도청구권 중 자신에게 더 유리한 경우를 선택하여 행사할 수 있다. 여기서 더 유리하다는 기준은 일반적으로 채권자는 수익자가 이미 수령한 이익의 가치와 수익자가 수익권에 기초하여 미래에 받을 이익의 가치를 비교하여 큰 쪽으로 선택하는 것을 의미한다.[38] 즉, 수익자가 이미 수령한 이익의 가치가 더 큰 경우에는 사해신탁취소권을, 수익권에 기초하여 장차 받을 이익의 가치가 더 큰 경우에는 수익권양도청구권을 행사한다. 이와 같이 수익권양도청구권은 채권자에 대한 구제수단의 다양성, 전면성 및 효율성에 유리한 제도로서 중국에 도입

---

[37] 정순섭, 앞의 책, 2021, 197쪽; 무궁화신탁법연구회·광장신탁법연구회, 앞의 책, 2021, 87쪽; 오영걸, 앞의 책, 2021, 122쪽.
[38] 오영걸, 위의 책, 122쪽.

할 실익이 있다고 본다.

그러나 중국과 한국의 사해신탁취소권의 성립요건, 특히 수익자의 주관적 요건을 요하는지 여부에 차이를 보이고 있기 때문에, 수익권양도청구권이 사해신탁제도에서의 지위가 다를 수 있다. 한국의 사해신탁취소권의 성립은 수익자의 주관적 요건을 요하기 때문에 그 선의 여부에 따라 사해신탁취소권의 행사가능 여부가 달라진다. 즉, 수익자가 악의인 경우 수탁자와 수익자 중 1인 또는 양자 모두를 상대로 취소권을 행사할 수 있고,[39] 수익자가 복수인 경우에는 전부 악의이어야 이와 동일하게 취소권을 행사할 수 있다. 하지만 수익자 중 일부만 악의인 경우 채권자는 취소권을 완전히 행사할 수 없는 것은 아니고, 다만 수탁자 및 선의의 수익자를 상대로 행사할 수는 없고 악의의 수익자에 대해서만 취소권을 행사할 수 있다. 따라서 이러한 경우 위탁자는 악의의 수익자가 이미 수령만 이익만큼만 반환 받을 수 있게 되는데, 이때 악의의 수익자가 다액의 급부를 수령하여 신탁재산이 얼마 남지 않은 상황이라면 문제가 되지 않겠지만, 악의의 수익자가 아직 받은 이익이 없는 경우 혹은 소액의 급부만을 수령한 경우라면 채권자에게 불리할 것이다. 그러나 수익권양도청구권의 도입으로 이러한 경우 채권자는 악의의 수익자에게 수익권의 양도를 청구할 수 있게 되었다. 다시 말해서, 복수의 수익자에서 일부 수익자만 악의인 경우에 있어서 수익권양도청구권의 도입은 채권자의 이익을 보호하는 데 특별한 의의를 가진다.[40] 그러나 중국 현행법은 수익자의 주관적 요

---

[39] 오영걸, 위의 책, 122쪽.
[40] 이중기·이영경, 앞의 책, 2022, 109쪽.

건을 묻지 않고 객관적 요건만 만족되면 사해신탁취소권을 인정하고 있어 복수의 수익자에서 일부 수익자만 악의인 경우에 대하여 각별히 의의가 있다고는 보기 어려울 것이다.

그렇지만 채권자가 사해신탁취소권을 행사할 수 없는 특수한 경우에 수익권양도청구권을 행사함으로써 채권의 만족을 꾀할 수 있다. 예를 들면, 채무자가 신탁설정자 중 한 명으로서 신탁 설정에 공동참여한 경우, 채권자는 사해신탁취소권을 행사할 수 없기에 수익권을 양도 청구하는 것이 채권자에게 유용한 구제수단이 된다.[41]

---

[41] 이중기·이영경, 위의 책, 109쪽.

05
중국 사해신탁제도의 개선방안

제1절
서언

 중국 현행 사해신탁제도는 객관적 요건만 요하고, 그 규율하는 내용이 단순하고 구체성이 떨어져 채권자가 쉽게 취소권을 행사할 수 있는 문제점이 존재한다. 이에 더하여 사해신탁취소권의 행사효과는 절대적이기에 사해신탁취소권을 부당하게 적용하면 거래안전에 위협이 될 수 있고 채무자의 재산권처분의 자유를 일정부분 제한하여 사적자치의 기본원칙에 영향을 미칠 수 있다. 그러므로 채권자 권리, 채무자 사적자치, 제3자 거래 안전, 수익자 보호이라는 4자간 형평성 보호는 사해신탁취소권 제도의 입법과 운영에 관건이 된다고 할 수 있다. 아래에서는 신탁 당사자와 그들의 채권자 사이의 균형적이고 합리적인 이익조정을 위한 개선방안에 대해 논의해 보고자 한다.

제2절
선의의 수익자의 이익보호 강화

Ⅰ. 문제점

사해신탁에 관한 논의는 '위탁자의 채권자'와 '수익자'의 이익을 비교형량하는 데서 출발해야 한다.[1] 따라서 사해신탁취소권의 성립요건을 구성함에 있어서도 양자의 이익균형에 초점을 두어야 할 것이다. 취소의 요건이 과도하게 간단한 경우에는 채권자가 용이하게 사해신탁취소권을 행사할 수 있기에 사해신탁취소소송의 남발은 수익자보호에 취약하고 동시에 간접적으로 신탁설정을 제한하는 효과가 발생한다. 이에 반해, 취소의 요건이 과도하게 엄격한 경우에는 수익자에 대한 보호는 강화되었지만 사해신탁취소권을 행사하기 상당히 어렵기에 채무자가 신탁을 남용하여 재산 은닉을 통한 채무를 면탈하는 현상이 성행할 수 있다.

앞서 언급한 바와 같이, 한국 사해신탁취소권의 성립요건은 객관적 요건과 주관적 요건 모두를 요하고 있는 데에 반하여, 중국은 같은 수준의 객관적 요건만 요하고 있다. 다만 선의의 수익자는 이미 받은 신탁수익을 반환하지 않아도 된다는 선에서 수익자를 보호하고 있다. 그러나 선의의 수익자에 대한 보호가 여전히 부족하다.

---

[1] 정순섭, 『신탁법』, 지원출판사, 2021, 175쪽.

Ⅱ. 입법례

1. 한국

종래 한국 신탁법은 수익자의 선의 여부를 불문하고 사해신탁 취소를 가능하게 하였다(한국 구신탁법 제8조 제1항). 이는 수익자가 무상으로 수익권을 취득하는 것을 전제로 수익자의 이익이 크게 침해되지 않는다고 보았기 때문이다.[2] 이처럼 수익자가 선의인 경우 신탁 취소를 제한하지는 않았지만, 수익자가 선의 경과실의 경우에는 이미 받은 이익에 대한 반환의무를 면제하였다.[3] 즉 변제기가 도래하지 아니한 채권의 변제를 받은 경우와 수익자가 악의 및 중과실로 채권자를 해한다는 사실을 알지 못한 경우를 제외하고는 수익자는 이미 받은 이익에 대하여 반환의무를 지지 않는다(동법 제8조 제2항).

이러한 규정은 수익자보다 위탁자의 채권자 보호에 보다 치중하는 문제가 있고, 실무상 신탁을 기반으로 한 자산유동화에서 신탁취소로 투자자인 수익자의 장래 수익권을 상실하게 하는 것이 부당하다는 지적이 지속됐었다.[4] 또한 이론적 측면에서 볼 때, 수익자를 보호할 필요성은 민법상 채권자취소권에서의 선의의 전득

---

[2] 법무부, 『신탁법 개정안 해설』, 법무부 상사법무과, 2010, 75쪽; 법무부, 『신탁법 해설』, 법무부, 2012, 83쪽; 무궁화신탁법연구회·광장신탁법연구회, 『주석 신탁법』, 박영사, 2021, 73쪽; 김태진, 「사해신탁취소권에 관한 개정 신탁법의 해석과 재구성」, 『선진상사법률연구』 제59권, 법무부, 2012, 182쪽; 오창석, 「개정 신탁법의 실무상 쟁점: 개정 신탁법상 사해신탁취소제도의 개관」, 『BFL』 제62권, 서울대학교 금융법센터, 2013, 34쪽.

[3] 홍유석, 『신탁법』, 법문사, 1999, 93쪽.

[4] 법원행정처, 『신탁법 개정을 위한 입법자료』, 법원행정처, 2009, 145쪽; 김태진, 앞의 글, 2012, 183쪽. 이러한 사해신탁 리스크를 방지하기 위하여 실무에서는 신탁설정시의 위탁자에게는 사해의사가 없다는 취지로 진술 및 보장을 받고 또 수익자가 수익권을 취득할 단계에서는 위탁자에 의한 신탁이 사해적인 것이라는 인식을 가지고 있지 아니함을 진술 및 보장하도록 하고 있지만 사해신탁 리스크를 완전히 봉쇄하기에는 부족하다.

자와 다르지 않고, 또한 수탁자의 선의 여부를 요건으로 하지 않는 취지가 수탁자가 신탁재산에 대하여 고유한 이익을 가지지 않기 때문이라면 신탁의 이익을 향유하는 수익자의 선의 여부는 사해신탁취소권의 성립요건으로 삼아야 한다는 견해가 있었다고 한다.[5] 그리고 수익자가 수익자취소권 등 신탁에 관한 강력한 감시권한이 부여되는 자임에도 불구하고 민법상 채권자취소권에서의 '선의의 거래상대방인 수익자'를 보호하는 것보다 소홀한 것은 합리적이지 못하다는 견해도 있었다.[6]

신탁법의 개정을 논의할 당시 법무부안은 수익자의 주관적 요건을 사해신탁취소권의 요건으로 하면서, 무상수익자에 대해서는 사해신탁이 취소되어도 사해신탁에 대한 기대만을 상실하는 것으로 이익의 침해가 크지 않으므로 수익자의 주관적 사정과 상관없이 사해신탁의 취소를 인정하고, 대가를 제공하고 수익권을 취득한 유상수익자 또는 유상수익권을 유상으로 전득한 수익자가 사해신탁에 대하여 선의인 경우에는 예측할 수 없는 손해를 방지하기 위하여 사해신탁취소권을 인정하지 않았다.[7] 그러나 최종 개정 법률은 수익자의 유상 여부에 따라 취소 여부를 달리하는 요건을 배제하였다.

따라서 현행법은 수익자에 관한 요건에 대하여 수익자의 '유상' 여부를 구분하지 않고 다만 수익자의 사해신탁에 대한 악의를 사

---

[5] 법무부, 앞의 책, 2010, 75쪽; 법무부, 앞의 책, 2012, 83쪽. 하지만 위 책에서 이러한 견해가 존재한다고만 하였고 구체적인 출처를 기재하지 않았다.
[6] 김태진, 앞의 글, 2012, 183쪽.
[7] 법무부, 앞의 책, 2012, 83쪽. 법무부안 제8조(사해신탁) ① 채무자가 채권자를 해함을 알면서 신탁을 설정한 경우 채권자는 수탁자나 수익자에게 민법 제406조제1항의 취소 및 원상회복을 청구할 수 있다. 다만, 수탁자가 유상으로 신탁을 인수하거나 수익자가 유상으로 수익권을 취득할 당시 채권자를 해함을 알지 못한 경우에는 그러하지 아니하다.

해신탁취소권의 성립요건으로 규정함으로써(한국 신탁법 제8조 제1항 단서), 수익자가 위탁자의 사해목적을 알지 못한 선의라면 위탁자의 채권자는 신탁을 취소할 수 없게 하였다.[8] 즉, 선의의 수익자에 대한 보호를 기존의 이미 받은 이익만을 보호해 주는 선에서 넘어서서 향후의 수익권도 보장할 수 있도록 강화하였다.

수익자가 여러 명일 때는 수익자 모두가 악의인 경우와 그 중 일부만 악의인 경우로 나누어 볼 수 있다. 전자인 경우에는 당연히 수익자의 주관적 요건을 충족하기에 채권자의 사해신탁취소권이 인정되고, 수익자가 1인인 경우와 동일하게 채권자는 수탁자와 수익자 중 1인 또는 양자 모두를 상대로 취소권을 행사할 수 있다.[9] 한편, 후자인 경우에도 사해신탁취소권이 성립되지만 채권자는 수탁자에 대해서는 취소권을 행사할 수 없고[10] 수익자 중 악의의 수익자만을 상대로 취소권을 행사할 수 있다(동법 제8조 제2항). 이때 선의의 수익자가 존재하는 이상 선의의 수익자의 신탁에 대한 이익을 보호하기 위해 당해 신탁은 여전히 존속시킬 실익이 있기 때문이다.[11] 그렇지만 이에 대하여 의도적으로 선의의 수익자를 일부 포함하여 사해신탁제도를 무력화시킬 수 있다는 우려도 있다.[12]

선의 여부의 판단시점은 수익권을 취득할 당시이다(동법 제8조 제1항 단서). 구신탁법은 선의의 판단시점을 수익권을 통하여 이익을 받은 때로

---

[8] 오영걸, 『신탁법』, 홍문사, 2021, 117쪽.
[9] 오영걸, 위의 책, 117~118쪽.
[10] 최수정, 『신탁법』, 박영사, 2019, 217, 219쪽; 정순섭, 앞의 책, 2021, 182쪽; 무궁화신탁법연구회 · 광장신탁법연구회, 앞의 책, 2021, 75쪽; 김태진, 앞의 글, 2012, 196쪽; 오창석, 앞의 글, 2013, 35쪽; 한상곤, 「사해신탁취소권의 행사에 관한 법적 고찰」, 『경희법학』 제49권 제3호, 경희법학연구소, 2014, 86쪽.
[11] 오영걸, 앞의 책, 2021, 118쪽; 김태진, 앞의 글, 2012, 196쪽.
[12] 김태진, 위의 글, 209~210쪽; 오창석, 앞의 글, 2013, 35쪽; 무궁화신탁법연구회 · 광장신탁법연구회, 앞의 책, 2021, 75쪽.

규정하였는데(한국 구신탁법 제8조 제2항 단서), 이는 수익자가 수익권 취득시에는 선의였으나 실제 급부 받기까지 사이에 악의로 전환되었다면 사해신탁으로 취소될 수 있는 수익자에 대한 보호가 미흡한 문제점이 존재한다.[13] 따라서 수익자 보호를 강화하기 위하여 현행법은 선의 여부 판단시점을 수익권 취득시로 앞당겼다.[14]

그러므로 '수익권 취득시'의 의미가 관건적인데, 현행법은 수익자로 지정된 자는 당연히 수익권을 취득한다고 규정하였다(한국 신탁법 제56조 제1항). 그런데 수익자를 정하는 방법이 다름에 따라 수익권을 취득하는 시점을 판단하는 기준에 차이를 보이고 있다. 신탁행위로 수익자를 직접 정하는 경우에는 신탁의 효력이 발생한 때에, 수익자지정권자가 지정권을 행사하거나 수익자변경권자가 변경권을 행사하여 수익자를 지정하는 경우에는 당해 의사표시의 효력발생시점에 수익권 취득이 인정되기에 이를 기준으로 주관적 요건을 판단한다.[15] 그리고 수익권이 양도되는 경우 양수인의 선의 여부를 판단함에 있어서는 양수 시점이 기준이 된다.[16] 그렇다면 수익자가 아직 존재하지 않을 때, 예를 들면 재량신탁에서 수익자로 지정될 수익자집단 중에서 아직 수익자가 확정되지 않은 경우 또는 아직 수익자가 태어나지 않은 경우 등인 때에 대하여 의문이 제기될 수 있는데, 이러한 경우에는 이들 잠재적인 수익자의 이익보다는 채권자의 현실화된 이익이 우선되기 때문에 수익자의 주관적 요건과 관계없이 채권자는 취소권을 행사할 수 있다.[17] 또한, 목적

---

[13] 법원행정처, 앞의 자료, 2009, 145쪽.
[14] 법무부, 앞의 책, 2012, 85쪽; 법무부, 앞의 책, 2010, 75쪽.
[15] 최수정, 앞의 책, 2019, 219쪽.
[16] 최수정, 위의 책, 2019, 220쪽; 정순섭, 앞의 책, 2021, 186쪽; 김태진, 앞의 글, 2012, 203쪽.
[17] 이중기·이영경, 『신탁법』, 삼우사, 2022, 108쪽.

신탁에서도 수익자를 고려할 필요가 없다.[18]

그런데 수익권 취득시점과 수익권 취득사실을 알게 된 시점(동법 제56조 제2항) 사이에 간극이 존재할 수 있다는 것을 고려해야 한다. 즉 수익자로 지정되었지만 그 사실을 인지하지 못한 경우가 있을 수 있다. 이때 수익권 취득시에는 선의였지만 수익권 취득사실을 알게 된 때에는 악의라면 문제가 된다. 현행법에 따르면 이러한 경우 수익자는 선의로 취급되겠지만, 수익자는 수익권 취득 사실을 알지 못하므로 신탁설정이 사해행위인지도 알지 못할 것이기 때문에, 수익권 취득 시점이 아니라 수익권 취득사실을 알게 된 시점을 기준으로 하는 것이 타당할 것이다.[19]

2. 일본

한국 구신탁법이 1922년 일본의 구신탁법을 본 따 제정되었기 때문에 양자의 내용이 대동소이하다.[20] 일본의 구신탁법 역시 수익자의 선의여부를 불문하고 사해신탁취소권을 인정하였는데(일본 구신탁법 제12조 제1항), 이는 신탁취소의 결과 수익자는 비록 일정한 범위에서 수익권을 상실하게 되지만 수익권의 취득이 무상인 점에 비추어 보면 수익자의 이익에 해가 되는 것이 적다고 보았기 때문이다.[21] 다만, 취소권 행사시에 수익자에게 실제 급부가 행해진 경우에 수익자가 이익의 급여시에 채권자를 해한다는 사실에 대하여

---

[18] 정순섭, 앞의 책, 2021, 186쪽; 김태진, 앞의 글, 2012, 199쪽.
[19] 최수정, 앞의 책, 2019, 219~220쪽; 정순섭, 위의 책, 186쪽; 김태진, 위의 글, 203쪽.
[20] 안성포, 「사해신탁의 취소와 수익자보호-일본 신신탁법을 중심으로-」, 『증권법연구』 제9권 제2호, 한국증권법학회, 2008, 157쪽.
[21] 新井 誠, 안성포 역, 『신탁법』, 전남대학교출판부, 2011, 205쪽; 안성포, 위의 글, 162쪽.

선의 및 무중과실이었다면 취소의 효과가 미치지 않았다(동법 제12조 제2항). 즉, 이러한 경우 이미 받은 신탁수익에 대한 반환의무를 지지 않는다는 것이다.

그러나 수익자보호의 취약성에 대한 비판이 지속됐었다. 실무적인 관점에서는, 자산유동화 구조를 안정적으로 유지하는 데 불리하다는 지적이 있었다.[22] 가령 부동산신탁에 있어서 신탁에 관한 수익권을 취득한 SPC가 수익권에 담보권을 설정한 후 담보부 대출채권을 유동화하는 경우, 수익자인 SPC가 수익권 취득시에 아무리 선의였다고 하더라도 채권자는 사해신탁의 기타 요건이 충족되는 경우에 항상 취소권을 행사할 수 있다.[23] 따라서 투자자도 불측의 손해를 입게 될 것이다. 한편 이론적인 측면에서는, 수탁자의 주관적 요건을 요하지 않는 것이, 수탁자는 위탁자로부터 재산의 처분을 받은 자이지만 그 자신이 이익을 향수하는 자가 아니고 신탁재산에 대하여 고유의 이해를 가지지 않기 때문이라면, 실제로 신탁의 이익을 향수하는 수익자의 수익권 취득시에 있어서 그 주관적 요건을 문제 삼아야 한다는 지적이 있었다.[24] 또한 신탁에서 수익권은 물권적 주장을 할 수 있는 권리[25]로서, 수익권을 선의로 취득한 자를 보호할 필요성은 민법상의 채권자취소권에 있어서 선의의 수익자와 다르지 않다고 보았다.[26]

---

[22] 新井 誠, 안성포 역, 위의 책, 206쪽; 임채웅, 『신탁법연구』, 박영사, 2009, 162쪽.
[23] 新井 誠, 안성포 역, 위의 책, 2011, 206쪽; 최수정, 『일본 신신탁법』, 진원사, 2007, 24~25쪽.
[24] 일본 신탁법개정요강시안 보족설명 7쪽; 新井 誠, 안성포 역, 위의 책, 2011, 205쪽; 최수정, 위의 책, 25쪽.
[25] 신탁재산에 대한 강제집행의 등에 대한 이의신청(일본 구신탁법 제16조 제2항), 수탁자의 권한위반행위에 대한 취소(동법 제31조) 등을 말한다.
[26] 일본 신탁법개정요강시안 보족설명 7쪽; 新井 誠, 안성포 역, 앞의 책, 2011, 205쪽; 최수정, 앞의 책, 2007, 25쪽.

이와 같이 사해신탁제도에서 수익자보호의 취약성을 인식하고 2006년 구신탁법에 대한 전면 개정작업이 진행되면서 수익자의 주관건 요건을 신탁취소의 요건으로 추가하였다(일본 신탁법 제11조 제1항, 제4항). 따라서 수익자가 선의인 때에 채권자는 사해신탁의 취소를 청구할 수 없게 되었다.

수익자가 복수인 경우에는 수익자 전원이 악의여야 수익자의 주관적 요건이 충족된 것으로 본다.[27] 다시 말해서, 선의의 수익자가 1인이라도 존재하면 채권자는 사해신탁취소권을 행사할 수 없다. 이는 수익자 중 악의인 수익자가 단 1인이라도 존재하기만 하면 취소권을 행사할 수 있다고 보게 된다면 취소권 행사로 인하여 신탁재산이 감소하고 선의의 수익자의 이익을 해친다는 인식이 있었기 때문이다.[28] 이에 반해 한국은 수익자 중 악의인 자가 1인이라도 있으면 취소권의 행사를 가능하게 하였고, 다만 행사 상대방을 악의의 수익자로 한정하였다. 이 점에서 양국 입법은 차이를 보이고 있다.

선의의 판단시기는 기존의 급부시에서 수익자로서 지정되었음을 안 시점 또는 수익권을 양수한 시점으로 변경되었다(동법 제11조 제1항 단서, 제4항 단서). 이로써 일단 이러한 시점에서 수익자가 선의였다면 실제 급부시에 악의라도 채권자는 취소권을 행사할 수 없게 되므로 수익자의 보호를 도모하였다.[29] 그러나 한국은 수익권 취득시점을 기준으로 하고 있기 때문에, 일단 수익권 취득시에 수익자가 선

---

[27] 최수정, 위의 책, 25쪽; 新井 誠, 안성포 역, 위의 책, 207쪽; 임채웅, 앞의 책, 2009, 162쪽; 안성포, 앞의 글, 2008, 175쪽; 이중기, 「사해신탁에 대한 취소와 원상회복」, 『비교사법』 제14권 제1호, 한국비교사법학회, 2007, 613쪽.
[28] 김태진, 앞의 글, 2012, 198쪽.
[29] 최수정, 앞의 책, 2007, 25쪽; 新井 誠, 안성포 역, 앞의 책, 2011, 206쪽.

의였다면 진작 취득사실을 알게 된 때에 악의였더라도 수익자를 선의로 취급한다. 그렇지만 이때 이러한 수익자를 악의의 수익자와 법적으로 달리 평가할 이유가 없을 것이다.[30·] 일본 현행법에서 사용하고 있는 기준은 이러한 문제를 피면할 수 있게 하였다.

또한, 신탁취소의 상대방을 수탁자 또는 수익자로 하는 것을 명문화하였는데, 수익자를 피고로 취소권을 행사하는 경우 수익자가 신탁재산에 속한 재산의 급부를 받는 시점부터 취소소송의 제기가 가능하다(동법 제11조 제4항). 즉, 수익자가 현실적으로 수익급부를 아직 받지 못한 경우라면 수탁자를 상대방으로만 취소할 수 있고 수익자를 상대방으로 하는 취소청구는 불가능하다.

Ⅲ. 중국 신탁법

중국 신탁법은 수익자가 무상으로 수익권을 취득하는 것을 전제로, 신탁이 취소되더라도 수익자의 이익이 크게 침해되지 않는다고 보아 수익자의 악의 여부를 사해신탁취소권의 요건으로 하지 않고 있다. 다만, 선의의 수익자는 이미 취득한 신탁수익을 반환하지 않아도 된다(중국 신탁법 제12조 제2항)는 선에서 선의의 수익자를 보호하고 있는데, 이는 수익자가 선의인 것만으로 선의취득법리의 적용대상이 될 수 없다는 것을 고려하여 둔 특칙이라고 생각된다. 선의취득법리는 상당한 대가를 지불할 것을 요건으로 하고 있기 때문이다.

[30·] 양형우, 「사해신탁과 부인권의 관계」, 『민사법학』 제61호, 한국민사법학회, 2012, 348쪽.

따라서 현행법상, 채권자는 보유하고 있는 채권이 신탁행위 전에 이미 존재하였다는 것과 채무자의 신탁행위의 사해성을 입증할 수 있다면 사해신탁취소권을 행사할 수 있다. 즉, 채권자가 비교적 쉽게 사해신탁취소권을 행사할 수 있는 편이고, 선의의 수익자에 대한 보호는 수익자가 무상으로 수익권을 취득하였든 유상으로 취득하였든 이미 받은 신탁수익 범위에서 한정된다.

Ⅳ. 검토

신탁이 재산관리의 한 방법으로서 그 기본적인 목표가 수익자의 보호에 있기 때문에[31] 선의의 수익자에 대한 보호가 아주 중요하다. 한국과 일본은 수익자의 주관적 요건을 성립요건으로 포함시킴으로써 수익자가 선의인 경우 채권자는 사해신탁취소권을 행사할 수 없게 규정하였다. 이로써 수익자가 선의인 경우 이미 취득한 신탁수익을 보호할 뿐만 아니라, 향후의 신탁수익권도 보장하였다. 이에 반해, 중국 현행법에 의하면 수익자의 선의 여부는 사해신탁취소권의 성립요건이 아니고 이미 받은 신탁수익에 대해 반환의무를 지는지 여부에 대한 결정요소에 불과하다. 즉, 수익자가 선의인 경우 이미 받은 신탁수익을 반환하지 않아도 된다는 선에서 수익자를 보호하고 있다. 이와 같이, 사해신탁제도에서 수익자의 주관적 요건을 성립요건으로 포함시키는지 여부에 따라 선의의 수익자에 대한 보호의 정도에 차이를 보이고 있다. 그럼 선의의 수

---

[31] 이연갑, 『신탁법상 수익자 보호의 법리』, 경인문화사, 2014, 31쪽.

익자를 어느 정도까지 보호해야 하는지 라는 의문이 생긴다.

중국 현행 신탁법상 선의의 수익자에 대한 보호를 강화하기 위한 방안으로는 두 가지를 생각해 볼 수 있다. 첫째, 선의의 수익자를 유상수익자와 무상수익자로 구분하여 유상으로 수익권을 취득한 경우에만 수익자의 주관적 요건을 요한다. 이는 무상으로 수익권을 취득한 선의의 수익자는 신탁이 취소된다고 하더라도 사해신탁에 대한 기대만을 상실하는 것이고, 또한 현행법상으로 이미 취득한 신탁수익은 반환의무를 요하지 않고 있기 때문에(중국 신탁법 제12조 제2항) 이익의 침해가 크지 않다고 볼 수 있다. 따라서 무상으로 수익권을 취득한 선의의 수익자에 대한 내용은 기존대로 유지하고, 유상으로 수익권을 취득한 선의의 수익자에 대한 보호만 강화한다. 다시 말해서, 수익자가 유상으로 수익권을 취득한 경우는 유상수익자가 악의일 때만, 무상으로 수익권을 취득한 경우는 무상수익자의 선의 여부를 불문하고 신탁취소를 허용한다. 다만, 선의의 무상수익자는 이미 받은 신탁수익을 반환하지 않아도 된다.

둘째, 한국의 현행 신탁법과 동일한 방식을 취하는 것이다. 즉 수익자의 '유상'여부에 따라 사해행위 취소의 적용 여부를 달리하지 않고 수익자의 주관적 요건을 사해신탁취소권의 성립요건으로 한다. 이로써 수익자가 무상으로 수익권을 취득하였던 유상으로 취득하였든 그 선의만 인정되면 채권자는 취소권을 행사할 수 없다. 이 방안은 첫 번째 방안보다 선의의 수익자를 두텁게 보호한다.

위에서 제시한 두 가지 방안의 차이점은 무상수익자가 선의인 경우 사해신탁취소권을 인정하느냐 여부에 있다. 한국 신탁법 개정 당시에도 수익자의 유·무상에 관한 논의가 있었다. 이에 대하여, 수익자가 수익권의 취득을 위하여 대가를 지급한 경우라 하더라도 그 대가가 신탁재산에 비하여 미약한 경우에도 유상 인수로 보아 취소대상에서 배제하는 것은 타당하지 않으므로, '유상' 여부에 따라 취소 여부를 달리하는 것은 적절하지 않다는 반론이 있었다고 한다.[32] 그러나 이는 '유상'을 판단하는 기준을 명확히 하면 해결될 수 있을 것이라고 생각된다. 여기서 대가를 지급하기만 하면 유상인 것이 아니라, 유상은 '적정대가'를 지급하고 수익권을 취득하는 것으로 해석해야 한다. 민법상 채권자취소권제도에서의 유무상에 관한 판단기준을 적용하는 것이 타당할 것이다. 그리고 민법상 채권자취소권의 성립요건도 사해행위의 유·무상으로 구분하고, 수익자가 대가를 지불하지 않고 무상으로 취득한 경우는 취소된다 하더라도 수익자에게 실질적인 손해는 없기 때문에 요건이 비교적 완화되어 있다. 따라서 종합적으로 고려할 때, 첫 번째 방안으로 현행 신탁법을 개정하는 것이 타당하다고 판단된다.

제3절
선의의 수탁자에 대한 보호

I. 의의

앞서 본 바와 같이, 중국 현행법은 선의의 수익자는 이미 받은 신탁수익에 대한 반환의무를 지지 않는다고 규정함으로써 선의의 수익자를 어느 정도로 보호하고 있다. 수탁자 역시 신탁의 당사자

---

[32] 법무부, 앞의 책, 2012, 84쪽.

로서 신탁이 취소되면 영향을 받게 된다. 즉 신탁의 취소 효과로 수익자는 신탁에 관한 수익권을 상실하게 되는 반면, 수탁자는 위탁자에 대하여 원상회복의무를 부담하게 된다. 또한, 수탁자가 신탁설정에 대가를 지불했거나 혹은 상사신탁의 수탁자와 같이 신탁의 영위로부터 보수를 받는 구조의 신탁에서 수탁자는 손실을 볼 수 있다.[33] 그렇다면 선의의 수탁자에 대해서도 배려가 필요하다.

Ⅱ. 한국 신탁법

한국 구신탁법은 사해신탁의 취소에 대하여 수탁자의 선의 여부를 묻지 않고 신탁의 취소를 인정하였다(한국 구신탁법 제8조 제1항). 이는 수탁자는 신탁재산으로부터 실질적인 수익을 하지 않는 신탁재산의 명의자·관리자에 불과하므로, 신탁의 취소로 인해 수탁자가 신탁재산을 반환하게 되더라도 손해가 발생하지 않는다고 보았기 때문이다.[34]

그러나 수탁자에 대한 이러한 요건의 완화에 대한 비판적인 입장이 있었다. 실무상으로 보면 위탁자의 사해성만 입증하면 손쉽게 사해신탁을 근거로 신탁부동산에 대한 처분금지가처분이나 취소소송을 제기할 수 있었기 때문에 수탁자인 신탁회사 등이 불안

---

[33] 이중기·이영경, 앞의 책, 2022, 101쪽.
[34] 이중기, 『신탁법』, 삼우사, 2007, 76쪽; 이재욱·이상호, 『신탁법 해설』, 한국사법행정학회, 2000, 104쪽; 오창석, 「개정신탁법상 사해신탁제도에 관한 소고」, 『금융법연구』제6권 제2호, 한국금융법학회, 2009, 119쪽; 한상곤, 앞의 글, 2014, 79쪽; 임채웅, 「사해신탁의 연구」, 『법조』제55권 제9호, 법조협회, 2006, 24쪽; 이재욱, 『신탁법 실무』, 법률정보센터, 2013, 62쪽.

정한 지위에 놓이게 되는 경우가 많다는 지적이 있었다.[35] 특히 당시 신탁관계가 문제되는 것은 주로 부동산신탁에 관한 것이었는데,[36] 부동산신탁의 경우 수탁자는 단순히 수탁수수료만 받고 운용하는 것이 아니라 수탁 받은 부동산(주로 토지)에 건물을 신축하여 이를 처분·임대함으로써 얻은 수익에서 수입을 얻는 구조로서, 이러한 과정에서 수탁자는 신탁재산을 담보로 하여 개발자금을 조달하고 건물신축에 관한 도급계약을 시공사와 체결하며, 신축될 건물에 대해 분양계약을 체결하는 복잡한 관계가 형성된다.[37] 따라서 신탁이 취소되는 경우 이로 인하여 수탁자는 해결할 수 없을 정도의 엄청난 부담을 안게 될 것인데, 이러한 부동산신탁에 있어서도 단순히 수탁자가 신탁재산으로부터 이익을 얻을 지위가 없다는 이유만으로 수탁자가 선의임에도 불구하고 사해신탁을 이유로 신탁의 취소를 허용하는 것은 부당하다는 견해가 있었다.[38] 그렇지만 부동산신탁의 경우 수탁자의 주관적 요건에 관한 논의에까지 이르기 전에 사해성 요건으로 충분히 걸러지기 때문에 수탁자의 선의 여부는 문제조차 되지 않을 여지가 높다는 취지의 반대견해가 제시되기도 하였다.[39]

신탁법의 개정을 논의할 당시 법무부안에서는 수탁자가 선의이고 유상으로 신탁을 인수하는 경우에 사해신탁의 취소를 배제하였다(개정안 제8조 제1항 단서). 수탁자가 신탁 설정에 대해 대가를 지불하거나

---

[35] 오창석, 위의 글, 119~120쪽.
[36] 임채웅, 앞의 책, 2009, 143쪽.
[37] 김재희·이동찬, 『부동산신탁의 이해』, 리북스도서출판, 2014, 172~173쪽.
[38] 이중기, 앞의 책, 2007, 76~77쪽; 이재욱, 「부동산신탁 및 부동산뮤철펀드 등의 함정」, 『법률신문』 2000. 8. 9. 자.
[39] 임채웅, 앞의 책, 2009, 143쪽.

투자한 경우 또는 영업 목적의 수탁은행과 같이 신탁의 인수를 통해 보수를 취득하는 경우에는 이러한 신탁 설정의 취소로 인해 수탁자가 이미 받은 신탁보수와 장래에 받을 신탁보수를 상실하게 되고,[40] 선의의 수탁자가 신탁재산 원본을 선의의 수익자에게 모두 양도하여 신탁재산을 보유하고 있지 않음에도 수탁자에 대한 취소권 행사와 원상회복청구권이 가능한 부당한 사안이 발생할 수 있는 점[41]을 고려하여 이를 막고자 한 것이라고 한다.

그렇지만 법무부안은 채택되지 않았고 사해신탁제도는 여전히 수탁자의 선의 여부를 고려함이 없이 신탁의 취소가 가능한 구조를 유지하였다. 다만 수탁자가 선의인 경우 '현존하는 신탁재산의 범위'에 한하여 원상회복의무를 부담한다고 규정함으로써(한국 신탁법 제8조 제3항) 그 책임범위를 제한하였다. 이로써 위탁자의 채권자와 선의의 수탁자에 대한 보호의 조화를 기하였다.[42] 따라서 반대해석상 악의의 수탁자는 현존하는 신탁재산이 신탁설정 전에 비해 감액된 경우에는 수탁자가 부족한 부분에 대해서 배상해야 할 것이다.[43]

'현존하는 신탁재산'의 의미에 관한 여러가지 논란이 있다. 먼저, '현존하는 신탁재산의 범위'에 관한 것인데, 현존하는 신탁재산이란 수탁자가 구체적으로 취득한 대상만을 의미함으로써 그 취득한 대상이 그대로 현존하거나 또는 변화 내지 변질된 모습으로 현

---

[40] 이중기, 『신탁제도의 개선에 관한 용역』, 홍익대학교 법학연구소, 2008, 29~30쪽.
[41] 법무부, 앞의 책, 2010, 74쪽; 법무부, 앞의 책, 2012, 81쪽.
[42] 법무부, 위의 책, 2012, 83쪽.
[43] 오영걸, 앞의 책, 2021, 120쪽; 정순섭, 앞의 책, 2021, 192쪽; 한민, 「사해신탁의 취소와 부인 - 채무자회생법 개정안에 관한 주요 논점을 중심으로-」, 『BFL』 제53권, 서울대학교 금융법센터, 2012, 10쪽.

존하는 경우에만 반환의무를 진다는 견해(1설)[44]와 최초 신탁재산은 물론 그 운용이나 처분 등으로 발생한 재산을 모두 포함한다는 견해(2설)[45]가 대립되고 있다. 그리고 수탁자의 자금투입으로 취득한 대상의 가치가 증가하여 원상회복을 명하는 것이 부당한 경우에는 원래의 가치만큼만 가액배상이 타당하다는 견해도 있다.[46]

또한, 수탁자가 이미 지급받은 이익도 반환의무에 포함되는지가 문제가 될 수 있다. 예컨대 이미 지급받은 수탁수수료가 그 이익이 현존하지 아니한다는 이유로 반환의무를 면제하여도 되는가가 의문이다. 판례는 무효·취소로 인한 부당이득반환에서 선의인 경우 현존이익의 반환을 부담하지만 그 현존이익이 금전인 경우에는 특별한 사정이 없는 한 그 이익은 현존하는 것으로 추정하고 있기 때문에,[47] 금전수수료가 금전채무인 이상 그 이익은 수탁자에게 현존하는 것으로 사실상 추정되므로 반환해야 할 것이다.[48] 그러나 이미 지급받은 수탁수수료는 반환할 필요가 없다는 입장에서 반환범위에서 제외한다는 규정을 두어야 한다는 견해가 있다.[49]

그렇다면 신탁과 관련한 이미 지출한 부분에 대하여, 예컨대 선의의 수익자에게 지급한 신탁수익과 신탁재산의 개량에 투입한 비용이 존재하는 경우 해당 부분을 반환의무에서 공제할 수 있는가가 문제된다. 전자인 경우 판례는 수탁자의 원상회복의무에서 공제하는 입장이다.[50] 후자인 경우에는 신탁인수행위의 유상·무상

---

[44] 무궁화신탁법연구회·광장신탁법연구회, 앞의 책, 2021, 82쪽; 오창석, 앞의 글, 2013, 40쪽.
[45] 정순섭, 앞의 책, 2021, 192쪽.
[46] 임채웅, 앞의 책, 2009, 143쪽; 이중기·이영경, 앞의 책, 2022, 104쪽.
[47] 대법원 2008. 6. 26. 선고 2008다19966 판결; 2005. 4. 15. 선고 2003다60297 판결; 대법원 1996. 12. 10. 선고 96다32881 판결; 대법원 1969. 9. 30. 선고 69다1093 판결.
[48] 정순섭, 앞의 책, 2021, 192쪽; 한상곤, 앞의 글, 2014, 80쪽 주34.
[49] 한상곤, 위의 글, 80쪽.

를 구분하여, 신탁인수계약이 유상계약인 경우에는 유익비에 준하여 처리할 수 있고, 무상인 경우에는 부당이득반환의 법리 내지 민법 제203조의 법리에 의하여 해결해야 한다는 견해가 있다.[51]

Ⅲ. 중국 신탁법

중국 신탁법은 선의의 수탁자를 보호하기 위한 규정을 두고 있지 않다. 수탁자는 신탁에서 관리자적 지위에 있을 뿐 신탁재산으로부터 수익하지 못한다는 전제로, 수탁자의 선의와 악의를 불문하고 채권자의 취소권 행사를 인정하고 있다. 사해신탁이 취소되면 신탁은 처음부터 무효로 되는 효과를 가지게 되고, 수탁자는 선의와 악의를 불문하고 동일하게 신탁재산을 위탁자에게 원상회복시키는 의무를 부담하게 된다. 즉, 수탁자는 애당초 받았던 신탁재산 전체를 반환해야 한다.

Ⅳ. 검토

신탁이 취소되면 수탁자는 원상회복의무를 지게 되는데, 여기서 원상회복이란 신탁설정시 받았던 신탁재산 전체를 반환하는 것

---

[50] 서울중앙지법 2012. 3. 22. 선고 2010가합88922 판결. 항소심인 서울고법 2013. 9. 27. 선고 2012나45162 판결과 대법원 2016. 4. 15. 선고 2013다84070 판결은 사해신탁의 성립 자체를 부정하였다.
[51] 이중기·이영경, 앞의 책, 2022, 105쪽.

이다. 이때 수탁자가 신탁재산을 관리 또는 처분을 통해 신탁수익이 발생하여 신탁재산이 신탁설정 전보다 증액하는 경우에는 문제가 없겠지만, 현존하는 신탁재산이 신탁설정 전에 비해 감액된 경우에 문제가 된다. 감액된 부분에 대해 가액배상의무를 지게 될 것인데, 이때 수탁자가 악의였다면 당연하겠지만, 수익자가 선의였다면 너무 가혹하다고 본다. 이러한 경우를 고려하여, 한국처럼 선의의 수탁자에 대해서는 현존이익 범위 내에서만 원상회복의무를 부담하게 하는 것이 타당하다. 이처럼 수탁자의 선의 여부는 사해신탁취소권 행사에는 영향이 없으나 그 원상회복의 범위에 영향을 미치는 제도 설계를 도입할 필요성이 있다.

제4절
선의의 신탁채권자의 보호

I. 의의

신탁제도는 본질적으로 위탁자의 의사와 목적에 따라 수탁자가 자산을 관리하고 운용함으로써 수익자에게 이익을 제공하는 것이기 때문에[52] 신탁사무처리상 채권이 발생하기 마련이다. 신탁에서 수탁자는 신탁재산의 귀속주체일 뿐만 아니라, 또한 신탁재산에 대한 권리와 의무의 귀속주체이기도 한다. 따라서 신탁사무처리상 대외적으로 발생한 채무의 부담주체는 수탁자일 것이고, 신

---

[52] 김봉철·왕석동, 「신탁법상 유한책임신탁의 내용과 문제점에 관한 고찰」, 『법학논고』 제44집, 경북대학교 법학연구원, 2013, 214쪽.

탁재산은 신탁채권자[53]가 집행할 수 있는 책임재산으로 된다. 그렇다면 신탁이 취소되어 신탁재산이 위탁자에게 원상회복되는 경우, 신탁당사자 뿐만 아니라 신탁에 관련된 채권자에게도 영향을 끼치게 된다. 따라서 사해신탁제도의 출발점은 비록 위탁자의 채권자가 가지는 채권을 확보하기 위한 것이지만, 그로 인해 신탁채권자를 해하게 된다면 이에 대한 배려 또한 필요하다.[54]

Ⅱ. 입법례

1. 한국

신탁의 취소로 손해를 입을 수 있는 신탁채권자에 대한 보호 문제를 논의하기 위해서는 먼저 신탁이 취소되기 전 수탁자의 제3자에 대한 책임범위를 살펴보아야 할 것이다. 한국 신탁법 제22조 제1항 본문은 "신탁재산에 대하여는 강제집행, 담보권 실행 등을 위한 경매, 보전처분 또는 국세 등 체납처분을 할 수 없다."고 규정함으로써 원칙상 그 누구도 신탁재산에 대하여 책임을 추궁할 수 없게 하였다. 그러나 동조 제1항 단서에서 "신탁 전의 원인으로 발생한 권리 또는 신탁사무의 처리상 발생한 권리에 기한 경우에는 그러하지 아니하다."고 함으로써 두 가지 예외를 두었다. 여기서 신

---

[53] '신탁채권자'와 '신탁 거래 상대방'은 동일한 개념이 아니다. 전자는 신탁에 대해 채권을 갖고 있는 수탁자를 포함하고, 후자는 수탁자와 거래한 제3자를 의미함으로써 전자의 범위가 더 넓다.
[54] 최수정, 앞의 책, 2019, 225쪽.

탁사무의 처리상 발생한 권리란 신탁재산의 관리 또는 처분 등을 함에 있어서 발생한 권리를 말한다. 즉, 신탁채권자인 경우에는 신탁재산에 대하여 강제집행 등을 허용한다는 것이다.

나아가 판례는 수탁자는 신탁사무처리를 위해 제3자에 부담한 채무에 대해 신탁재산 뿐만 아니라 고유재산으로도 무한책임을 진다고 판단하였다.[55] 이에 대하여 학설은 수탁자는 신탁재산의 소유자이고 대외적인 행위주체인 점, 신탁은 수탁자의 신용이나 명성을 이용하는 제도인 점, 그리고 수탁자의 비용상환청구권은 수탁자가 신탁사무처리를 위해 제3자에 대해 책임을 진 경우 그 비용이나 손해의 상환근거로 볼 수 있는 점,[56] 그리고 수익자의 이익보호[57]와 거래상대방의 보호[58]를 근거로 판례와 같은 입장을 취하고 있다.[59]

즉, 신탁이 존속할 때 신탁채권자가 강제집행 할 수 있는 책임재산의 범위는 수탁자의 고유재산과 신탁재산이 모두 포함된다.[60] 그러나 신탁이 취소되는 경우 신탁재산은 위탁자에게 회복되는데

---

[55] 대법원 2004. 10. 15. 선고 2004다31883, 31890 판결. 이 판례에 대한 평석으로는, 이중기, 「신탁채권자에 대한 수탁자의 책임: 책임재산한정특약의 효력과 신탁의 도산절차상 처리를 중심으로」, 민사판례연구, 제28호 참조; 대법원 2006. 11. 23. 선고 2004다3925 판결; 대법원 2010. 6. 24. 선고 2007다63997판결.

[56] 정순섭, 앞의 책, 2021, 638~639쪽.

[57] 이중기, 앞의 책 2007, 387쪽. 수익자의 이익보호를 적극적으로 실현하려면 수탁자의 책임이 강화되어야 하고, 이러한 관점에서 수탁자가 자신의 고유재산으로서 신탁채권에 대해 무한책임을 져야 할 필요성이 생기게 된다고 주장하였다.

[58] 오영걸, 앞의 책, 2021, 164쪽.

[59] 김태진, 「유한책임신탁에 대한 검토와 신탁법 개정을 위한 시사점」, 『중앙법학』 제11권 제3호, 중앙법학회, 2009, 298쪽; 김봉철 · 왕석동, 「신탁법상 유한책임신탁의 내용과 문제점에 관한 고찰」, 『법학논고』 제44집, 경북대학교 법학연구원, 2013, 216쪽; 류창호, 「신탁법상 수탁자의 책임재산에 관한 연구」, 『법학연구』 제27권 제1호, 충남대학교 법학연구소, 2016, 86쪽; 최수정, 앞의 책, 2019, 267쪽.

[60] 법무부, 앞의 책, 2012, 90쪽; 김태진, 앞의 글, 2012, 207쪽; 한상곤, 앞의 글, 2014, 80쪽; 한민, 앞의 글, 2012, 10~11쪽.

신탁채권자는 위탁자에 대하여 집행권원을 갖지 못하기 때문에 신탁재산에 대하여 강제집행을 할 수 없다.[61] 따라서 이때는 다만 수탁자의 고유재산에 대해서만 강제집행 할 수 있게 된다.[62] 특히 수탁자와 신탁채권자 사이에 책임한정특약을 체결하거나 유한책임신탁을 설정하는 경우에는 수탁자의 책임범위가 신탁재산으로 한정되기 때문에,[63] 이러한 경우 신탁채권자는 신탁재산은 물론 수탁자의 고유재산에 대해서도 강제집행 할 수 없으므로 신탁채권자는 더욱 예측할 수 없는 손해를 입을 수 있다. 또한, 수탁자의 고유재산 대해 강제집행 할 수 있는 경우라고 하더라도 수탁자가 자력이 없다면 여전히 변제 받기 어려울 것이다.

현행법은 선의의 신탁채권자를 보호하기 위하여, "위탁자는 취소된 신탁과 관련하여 그 신탁의 수탁자와 거래한 선의의 제3자에 대하여 원상회복된 신탁재산의 한도 내에서 책임을 진다"는 조항을 두었다(한국 신탁법 제8조 제4항). 여기서 "원상회복된 신탁재산의 한도 내"[64]는 선의의 신탁 거래 상대방이 위탁자로부터 변제받을 수 있는 한도를 의미한다. 그러나 신탁 거래 상대방이 위탁자에게 회복된 신탁재산에 대하여 우선 변제권이나 기타 배타적인 권리를 인정하는 것은 아니다.[65] 따라서 위탁자의 채권자가 먼저 해당 신탁재산으로부터 변제받을 수도 있는데, 이때 신탁 거래 상대방이 원래 변제받을 수 있었던 만큼 변제받지 못하게 되는 경우가 발생할

---

[61] 이중기·이영경, 앞의 책, 2022, 106쪽.
[62] 정순섭, 앞의 책, 2021, 192쪽. 수탁자가 신탁채권자에게 신탁채무를 이행한 경우 수탁자는 위탁자를 상대로 구상권을 행사할 수 있고, 이 경우 위탁자의 책임은 원상회복된 신탁재산의 한도 내로 제한되지 않는다.
[63] 오영걸, 앞의 책, 2021, 164쪽.
[64] 신탁이 일부 취소된 경우에도 동일하다. 최수정, 앞의 책, 2019, 225쪽.
[65] 법무부, 앞의 책, 2012, 90~91쪽; 한민, 앞의 글, 2012, 14쪽.

수 있다. 이러한 경우 선의의 신탁 거래 상대방이 부족한 부분에 대하여 원상회복된 신탁재산의 한도 내에서 위탁자의 다른 재산으로부터 변제받을 수 있다는 긍정설[66]과 변제받을 수 없다는 부정설[67]로 나뉜다.

한편 보호대상의 범위에 관하여, 법조문상 "신탁이 취소되어 신탁재산이 원상회복된 경우" 위탁자가 책임을 진다고 되어 있으므로, 보호대상의 범위는 신탁재산이 위탁자 앞으로 회복되는 시점을 기준으로 그 전까지 수탁자와 거래한 선의의 신탁 거래 상대방이라고 해석되고 있다.[68] 그러나 승소확정판결과 신탁재산의 복귀시점 사이에 시간적 격차가 존재하고 수탁자는 승소확정판결 이후 수탁자로서 거래할 이유가 전혀 없기 때문에 승소확정판결 이후 수탁자로서 한 거래의 효력을 신탁에 미치지 않게 하는 것이 더 합리적이다는 견해가 있다.[69]

나아가 법조문상 보호대상을 "수탁자와 거래한 제3자"로 명시하고 있으므로 비용상환청구권을 가지는 수탁자는 선의일지라도 원상회복된 신탁재산으로 책임을 지는 채권자로 볼 수 없다는 것이 통설이다.[70] 그러나 수탁자를 다른 신탁 거래 상대방과 구별시

---

[66] 한민, 위의 글, 15쪽; 오창석, 앞의 글, 2009, 134쪽; 법원행정처, 앞의 자료, 2009, 147쪽.
[67] 정순섭, 앞의 책, 2021, 197쪽. 이 규정은 전통적인 상대적 무효설을 전제로 위탁자에게 원상회복된 사해신탁에 대한 선의의 신탁채권자의 권리행사를 제한적으로 인정한 것이기에 선의의 신탁채권자는 위탁자의 다른 재산에 대해서는 권리를 행사할 수 없다고 보고 있다. 최수정, 「신탁법 개정 제안」, 『법제연구』 제54호, 한국법제연구원, 2018, 223~224쪽. 사해신탁취소의 효과로서 상대적 무효설에 의하면 위탁자는 신탁재산을 취득하지 않기 때문에 제8조 제4항에서 정한 위탁자의 신탁채권자에 대한 책임을 지우는 근거에 대하여 의문을 제기하였다.
[68] 오창석, 앞의 글, 2013, 53쪽; 김태진, 앞의 글, 2012, 208쪽; 무궁화신탁법연구회·광장신탁법연구회, 앞의 책, 2021, 86쪽.
[69] 김태진, 위의 글, 208~209쪽.
[70] 정순섭, 앞의 책, 2021, 195쪽; 최수정, 앞의 책, 2019, 226쪽; 오창석, 앞의 글, 2013, 43쪽.

켜야 하는 이유가 없으므로 입법론상 '선의의 신탁채권자'로 변경하는 것이 타당하다는 지적이 있다.[71] 한편 선의의 제3자에게 채무를 변제한 수탁자는 그 제3자가 위탁자에 대하여 갖는 채권을 대위하여 행사할 수 있다고 보는 견해도 있다.[72]

행사방법으로는 사해신탁취소권에 준하는 것으로 보아 소송으로만 청구할 수 있는 것으로 보는 견해[73]와 법문상 특별한 제한이 없고 채권자가 자신의 채권을 추심하는 것이므로 굳이 소송에 의한다고 볼 이유가 없기 때문에 소송 및 소송 외의 방법 모두 가능하다고 보는 견해가 있다.[74]

2. 일본

일본 구신탁법에는 선의의 신탁채권자를 보호하는 조항이 없었는데 2006년에 신탁법을 개정하면서 새롭게 도입하였다. 현행법 제11조 제2항은, 사해신탁이 취소되는 경우 위탁자는 선의의 신탁채권자에 대하여 변제 책임을 지고, 책임범위는 반환 받은 신탁재산의 가액 한도 내라고 규정하였다. 신탁채권자의 선의 여부를 판단하는 시점은 당해 채권을 취득한 때를 기준으로 한다(일본 신탁법 제2항).

원상회복된 신탁재산에 대하여는, 선의의 신탁채권자와 위탁자의 다른 채권자들이 채권 금액 비율로 안분 변제 받을 수 있고, 선의의 신탁채권자는 위탁자의 다른 재산에 대하여는 권리를 행사할

---

[71] 최수정, 위의 책, 226쪽; 정순섭, 위의 책, 195쪽.
[72] 한민, 앞의 글, 2012, 15~16쪽.
[73] 학설 소개는, 법무부, 앞의 책, 2012, 91쪽.
[74] 김태진, 앞의 글, 2012, 207쪽; 최호석,『실무자를 위한 신탁법』, 한국법학교육원 올에듀넷, 2014, 103쪽.

수 없다고 보는 것이 지배적인 견해라고 한다.[75] 그러나 이러한 점에 대하여 선의의 신탁채권자 보호는 부차적인 것에 그친다는 지적도 있다.[76]

한편 위탁자가 변제책임을 지는 대상범위를 위탁자를 제외한 선의의 "신탁재산책임부담채무에 관한 채권을 가진 채권자"로 규정하였다(동법 제2항). 따라서 수탁자와 '거래한' 선의의 제3자로 한정하는 한국보다 그 보호범위가 넓다고 볼 수 있을 것이다. 또한, 수탁자가 신탁에 대해 비용상환청구권 등(동법 제53조 제2항 그리고 제54조 제4항에서 준용하는 경우를 포함)을 갖게 되는 경우 수탁자의 그러한 권리를 '금전채권'으로 간주함으로써 신탁채권자로서 보호될 수 있도록 하였다(동법 제11조 제3항).

그렇다면 선의의 신탁채권자란 어느 시점까지 신탁에 대하여 채권을 가진 자인지 생각해 볼 필요가 있다. 법조문상 "판결이 확정된 경우" 위탁자는 변제할 책임을 진다(동법 제11조 제2항)고 규정하였으므로 위탁자의 채권자가 사해신탁취소 및 원상회복에 관한 소송을 제기하여 청구인용판결이 확정된 시점을 기준으로 하고 있다는 것을 알 수 있다.[77]

---

[75] 한민, 앞의 글, 2012, 15쪽; 무궁화신탁법연구회 · 광장신탁법연구회, 앞의 책, 2021, 87쪽; 오창석, 앞의 글, 2013, 44쪽.
[76] 米倉明, 『信託法の新展開』, 商事法務, 2008, 100쪽.
[77] 김태진, 앞의 글, 2012, 209쪽.

Ⅲ. 중국 신탁법

수탁자의 신탁채권자에 대한 책임범위에 관하여 중국은 한국과 동일한 입장을 취하고 있다. 즉, 수탁자는 신탁사무처리를 위해 제3자에 부담한 채무에 대해 신탁재산 뿐만 아니라(중국 신탁법 제17조 제2항) 고유재산으로도 무한책임을 진다.[78] 그러나 사해신탁취소로 하여 불측의 손해를 입을 수 있는 선의의 신탁채권자에 대한 보호 규정을 두고 있지 않아 그에 대한 보호가 부족하다.

Ⅳ. 검토

수탁자는 신탁채권자에게 일일이 신탁재산과의 거래임을 알리는 의무를 갖지 않고 신탁채권자는 다만 수탁자를 신뢰하고 거래하였기에, 신탁의 취소로 불측의 손해를 보게 될 수 있는 선의의 신탁채권자의 이익을 보호할 필요성이 있다.

앞서 살펴본 바와 같이, 한국과 일본은 모두 선의의 신탁채권자를 보호하는 규정을 두고 있다. 그러나 그 보호의 범위 및 정도에 차이를 보이고 있다. 먼저, 보호대상의 범위에 대하여 한국은 수탁자와 거래한 선의의 제3자로 한정하였으나 일본은 신탁재산책임부담채무에 관한 채권을 가진 신탁채권자로 규정함으로써 신탁에 대해 채권을 갖고 있는 수탁자까지 포함시켜 보호하는 대상의 범

---

[78] 赵廉慧,「信托受托人对第三人责任机理研究」,『广东社会科学』, 广东省社会科学院, 2016年第4期, 231~232頁. 周小明,『信托制度 : 法理与实务』, 法制出版社, 2012, 195~196頁; 何宝玉,『信托法原理研究』, 中国法制出版社, 2015, 355頁.

위가 더 넓게 되어 있다. 중국 현행법에 따르면 수탁자가 신탁사무 처리를 위하여 고유재산으로 신탁채권자에게 먼저 변제한 경우, 수탁자는 신탁재산으로부터 그 변제 금액을 우선 변제 받을 수 있는 권리를 가진다(중국 신탁법 제37조 제1항). 이는 신탁에 대하여 비용상환청구권 등을 갖고 있는 수탁자가 신탁의 일반채권자보다 선순위권리자인 것을 의미한다.[79] 따라서 수탁자와 거래한 제3자를 보호하는 이상 비용상환청구권 등을 갖고 있는 선순위권리자인 수탁자를 배제할 이유가 없을 것이다. 입법론상 '선의의 신탁채권자'로 하는 것이 타당하다고 본다.

다음 신탁취소로 인해 회복된 신탁재산에 대하여 집행할 수 있는 범위에도 차이를 나타나고 있는데, 일본 현행법에 따르면 신탁채권자가 위탁자의 채권자와 함께 반환 받은 신탁재산을 한도로 변제 받아야 하고, 신탁채권자는 채권금액을 비율로 안분하여 변제 받을 수밖에 없다. 위탁자 앞으로 환원된 신탁재산에 대해 위탁자의 채권자와 신탁 거래 상대방도 환원된 신탁재산을 한도로 청구할 수 있다는 점에 대해 한국도 같은 입장을 취하고 있으나, 위탁자의 채권자의 강제집행으로 환원된 신탁재산이 소진되는 경우 또는 신탁 거래 상대방이 원래 변제받을 수 있었던 만큼 변제받지 못하게 되는 경우, 신탁 거래 상대방이 위탁자의 다른 재산으로부터 변제받을 수 있는지 여부에 대해 긍정설과 부정설로 나뉘고 있다. 여기서 부정설은 주로 한국이 사해신탁취소의 효과로서 상대적 무효설을 취하고 있다는 것을 근거로 들고 있는데, 이에 반해 절대적 무효설을 취하고 있는 중국에서는 이와 같은 문제가 없다. 그리고

---

[79] 周小明, 위의 책, 273~274頁; 何宝玉, 위의 책, 334頁.

선의의 신탁채권자를 더욱 두텁게 보호하기 위해 한국의 긍정설을 채택하는 것이 더욱 합리적이다. 위탁자의 측면에서 볼 때 이는 일본 또는 한국의 부정설보다 지게 되는 부담이 무겁지만, 사해신탁의 원인을 제공한 자가 위탁자이기 때문에 가혹하다고 보기는 어려울 것이다.

또한 신탁채권의 성립시기에 대하여, 한국은 신탁재산이 위탁자에게 회복되기 전에 성립한 채권에 대해서만 위탁자가 책임지고, 일본은 좀 더 이른 시점인 판결확정 전에 성립한 채권만을 인정하고 있다. 후자가 더 타당하다고 생각된다.

제5절
수익자에 대한 수익양도청구권의 도입

I. 의의

수익권양도청구권은 사해신탁취소권 중 취소권에 해당하는 권리로서 개입권과 같은 것이다.[80] 즉, 위탁자의 채권자가 악의의 수익자에게 그가 취득한 수익권을 위탁자에게 양도할 것을 청구할 수 있는 권리로서 신탁법에서 인정되는 특별한 청구권이다. 여기서 말하는 수익권에는 수익자가 신탁재산으로부터 이미 수령한 이익이 포함되지 않으므로,[81] 수익권양도청구권은 장래의 이익을

---

[80] 최수정, 앞의 책, 2019, 196쪽; 정순섭, 앞의 책, 2021, 196쪽.
[81] 정순섭, 앞의 책, 2021, 197쪽.

위탁자에게 양도하는 데에 의미가 있다. 수익권양도청구권이 행사되면 수익권이 위탁자에게 귀속되기 때문에 채권자들이 집행할 수 있는 책임재산으로 된다.[82] 따라서 이는 형성권의 성질을 가진다고 해야 할 것이다.[83]

Ⅱ. 입법례

1. 한국

한국은 개정신탁법에 수익자에 대한 수익권양도청구권 규정을 신설하였다. 따라서 채권자는 악의의 수익자에게 그가 취득한 수익권을 위탁자에게 양도할 것을 청구할 수 있다(한국 신탁법 제8조 제5항). 수익권 양도청구는 수탁자로부터 신탁재산을 원상회복할 수 없는 경우에 한정되는 것이 아니고,[84] 사해신탁취소권의 요건이 충족되는 경우에도 취소권을 행사하지 않고 수익권의 양도청구를 할 수 있다. 다시 말해서, 사해신탁취소권과 선택적인 관계이다.[85] 따라서 채권자가 수익자에 대해 사해신탁의 취소와 수익권양도청구권을 함께 행사하는 것은 물론, 수탁자에 대해 사해신탁취소권을 행사하면서 동시에 수익자에 대해서는 수익권양도청구권을 행사하는 것은 인정될 수 없다.[86]

---

[82] 오영걸, 앞의 책, 2021, 121쪽.
[83] 최수정, 앞의 책, 2019, 232쪽.
[84] 정순섭, 앞의 책, 2021, 197쪽; 최수정, 앞의 책, 2019, 229~231쪽; 한민, 앞의 글, 2012, 10쪽.
[85] 오영걸, 앞의 책, 2021, 121~122쪽; 무궁화신탁법연구회·광장신탁법연구회, 앞의 책, 2021, 87~88쪽; 정순섭, 위의 책, 197쪽; 최수정, 위의 책, 2019, 229쪽.

수익권양도청구권을 행사하기 위해서는 사해신탁의 요건이 모두 충족되어야 한다.[87] 즉, 피보전채권은 위탁자의 신탁행위 전에 성립한 금전채권이고, 위탁자는 사해행위시 사해의사를 가지며 수익자는 수익권 취득시 위탁자의 신탁행위가 채권자를 해함을 알고 있어야 한다. 그러나 그 행사방법에 대하여 명시하고 있지 않아 소로써만 행사해야 한다는 견해[88]와 소송 이외의 방법으로도 행사할 수 있다는 견해[89]로 나뉜다.

2. 일본

채권자는 악의의 수익자를 피고로 하여 그 수익권을 위탁자에게 양도할 것을 소구할 수 있다(일본 신탁법제5조). 이러한 수익권양도 청구를 규정한 배경은 수익자가 복수 존재하는 경우 사해신탁취소권을 행사할 수 있는 것은 전원이 악의인 경우에 한하기 때문에, 복수 수익자 중 한 명이라도 선의의 수익자가 있으면 사해신탁취소권을 행사할 수 없게 되는 바, 악의의 수익자까지 신탁의 이익을 누리게 할 필요는 없다는 것을 고려한 것이다.[90]

행사방법에 대하여 반드시 소송으로 청구할 것을 요구한다(동법 제5조). 수익자가 수익권을 제3자에게 양도한 경우에는 악의의 수익권양수자에 대하여 수익권양도를 청구하거나 이전수익자에 대해서

---

[86] 최수정, 위의 책, 2019, 229쪽.
[87] 정순섭, 앞의 책, 2021, 197쪽; 오영걸, 앞의 책, 2021, 121쪽; 최수정, 위의 책, 228쪽; 이중기·이영경, 앞의 책, 2022, 109쪽.
[88] 한상곤, 앞의 글, 2014, 90쪽; 최수정, 위의 책, 231~232쪽; 정순섭, 위의 책, 197쪽.
[89] 김태진, 앞의 글, 2012, 205쪽.
[90] 新井誠, 안성포 역, 앞의 책, 2011, 207쪽; 김태진, 위의 글, 205쪽.

가격배상청구를 할 수 있게 된다.[91]

Ⅲ. 중국 신탁법

수익권의 양도청구에 관한 규정은 중국 현행 신탁법에 없는 새로운 제도이다. 신탁에서 수익권은 재산적권리와 감시, 감독 등 권한까지 포함된 비재산적권리로 구성되었기에 민법상의 채권양도와는 차이가 있다. 그러나 현행법은 수익권의 양도와 승계를 허용하고 있으므로(중국 신탁법 제48조), 수익자는 수익권에 대하여 자신의 기타 재산과 같이 자유로이 처분할 수 있다.[92] 즉, 수익권양도청구권을 도입할 기본적인 전제조건을 구비하고 있다. 또한 수익권은 신탁설정으로 처분된 재산의 가치가 화체된 것이므로 수익권양도청구권은 취소권과 동일한 기능을 하는 것이며, 민법상의 사해행위취소권이 신탁의 실질에 상응하여 변용된 것이므로[93] 현행법상 충돌되거나 모순되는 부분이 없다.

Ⅳ. 검토

중국 현행 신탁법상 위탁자의 채권자에 대한 보호를 목적으로 하는 규정은 사해신탁취소제도 뿐이므로, 다양하고 복잡한 사안에

---

[91] 안성포, 앞의 글, 2008, 178쪽.
[92] 周小明, 앞의 책, 2012, 264쪽.
[93] 최수정, 앞의 책, 2019, 226쪽.

대하여 취소권을 행사할 수밖에 없는 단일화된 구제체제이다. 그러나 한국과 일본은 사해신탁제도에 수익권양도청구권 규정을 두었다. 일본인 경우 이는 복수의 수익자 중 선의의 수익자가 있어 사해신탁취소권을 행사할 수 없을 때 채권자의 이익을 확보하기 위한 대체적인 수단이다. 이에 반해, 한국은 사해신탁의 요건이 충족되는 경우 채권자에게 취소권 또는 양도청구 중 하나를 선택하여 행사할 수 있게 하였다. 복잡화, 다양화해가는 신탁법률관계에서 후자가 입법론상 더욱 타당하다고 본다.

한국과 같은 구조에서는 양자 중 어느 권리를 행사할지는 채권자가 판단하는 것이고, 채권자로서는 수익자가 이미 수령한 이익의 가치와 수익자가 수익권에 기초하여 향후 받을 이익의 가치를 비교하여 자신에게 유리한 것을 선택하면 된다.[94] 즉, 수익자가 이미 수령한 이익의 가치가 더 큰 경우에는 사해신탁취소권을, 수익권에 기초하여 장차 받을 이익의 가치가 더 큰 경우에는 수익권양도청구권을 행사한다. 그러나 반드시 그런 것은 아니고, 경우에 따라서 신탁재산을 위탁자로 원상회복하게 하지 않고 신탁을 유지하면서 위탁자가 수익권을 갖고 신탁의 이익을 향수할 수 있도록 해주는 것이 위탁자의 채권자 일반의 이익에 부합되는 경우가 있을 수도 있다.[95] 따라서, 수익권양도청구권을 도입하게 되면 채권자에 대한 구제 수단의 다양성, 전면성 및 효율성에 유리하다.

뿐만 아니라, 채권자가 사해신탁취소권을 행사할 수 없는 특수한 경우에 수익권양도청구권을 행사함으로써 채권의 만족을 꾀할 수 있다. 예를 들면, 채무자가 위탁자 중 한 명으로서 신탁을 설정

---

[94] 오영걸, 앞의 책, 2021, 122쪽.
[95] 한민, 앞의 글, 2012, 10쪽.

한 경우, 채권자는 사해신탁취소권을 행사할 수 없기에 수익권을 양도 청구하는 것이 채권자에게 유용한 수단이 된다.[96] 그 밖에 수익권양도청구권은 신탁의 존재를 전제로 하기 때문에 신탁관계 및 이와 관련한 법률관계의 안정성과 거래안전에 유리하다.

수익권양도청구권을 도입함에 있어서는 사해신탁취소권과의 관계를 명확히 하는 것도 중요하겠지만 요건의 구성에 대해 역시 정리가 필요하다. 수익권양도청구권은 사해신탁을 전제로 하기 때문에, 그 행사를 사해신탁취소권의 요건이 충족되어야 함은 물론이겠지만[97] 반드시 동일해야 한다는 것은 아니다. 한국의 경우는 사해신탁취소권의 성립요건에 원래 수익자의 주관적 요건이 포함되어 있기에, 악의의 수익자를 행사대상으로 하는 수익권양도청구권 제도를 도입할 때 사해신탁취소권의 성립요건과 동일시하는 것이 문제가 되지 않는다. 그러나 중국 현행법은 수탁자 및 수익자의 주관적 요건을 묻지 않고 객관적 요건만 만족되면 사해신탁취소권을 인정하는 구조이다. 따라서 수익권양도청구권을 도입할 때, 그 요건에 수익자의 주관적 요건을 추가하여야 할 것이다. 즉, 사해신탁취소권의 성립요건을 만족하는 경우 악의의 수익자에 대해서만 청구권을 행사할 수 있게 하는 것이다. 그리고, 현행 신탁법은 신탁계약 등 신탁행위에서 수익권의 양도를 금지하거나 일정한 제한을 가할 수 있게 하고 있다(중국 신탁법 제48조 후단). 따라서 신탁행위시 수익권의 양도를 금지하는 경우 채권자는 수익권양도청구권을 행사할 수 없기에 행사하기 전에 우선 검토되어야 할 것이다.

---

[96] 이중기·이영경, 앞의 책, 2022, 109쪽.
[97] 최수정, 「채권자취소권의 관점에서 본 신탁법상의 취소제도 - 사해신탁취소권을 중심으로-」, 『저스티스』 통권 제155호, 한국법학원, 2016, 27쪽.

06 결론

 이상으로 중국 사해신탁취소권의 기본내용과 한국과의 비교 그리고 그에 대한 개선방안으로서 제도적 보완책을 살펴보았다. 법해석에 관하여, 신탁법상 사해신탁제도와 민법상 채권자취소권제도는 특칙과 일반 원칙의 관계라는 것을 정리하고, 신탁법리의 특수성을 고려하는 것을 전제로 민법상 일반 원칙을 적용하였다.

 중국 사해신탁취소권의 성립요건은 사해신탁의 성립, 피보전채권의 존재 및 신탁행위의 사해성 등 객관적 요건으로만 구성되었다. 그러나 한국의 사해신탁취소권은 객관성 요건 외 주관적 요건도 요하고 있어 차이를 보이고 있다. 그 주관적 요건에는 채무자인 위탁자의 악의와 수익자의 악의가 포함된다. 주관적 악의를 입증하는 것이 객관적 사해성을 입증하기보다 어려운 점을 고려할 때 두 가지 요건을 모두 갖추어야 하는 한국보다 중국 현행 신탁법은 채권자의 증명책임을 감소시킴으로써 더욱 용이하게 사해신탁취소권을 행사할 수 있는 조건을 마련해 주었다고 볼 수 있다. 즉, 중국의 사해신탁제도는 주관적 요건을 요하지 않는 이상, 채권자가 더욱 쉽게 취소권을 행사할 수 있을 것이다.

나아가, 구체적인 개선방안으로 선의의 유상수익자의 주관적 요건, 선의의 수탁자의 원상회복범위 제한, 선의의 신탁채권자에게 위탁자에 대한 변제청구권 부여, 악의의 수익자에 대한 수익권 양도청구권 도입 등에 관하여 살펴보았다.

현재 중국의 사해신탁제도는 채권자 쪽으로 치우쳐 있다. 즉, 채권자가 용이하게 취소권을 행사할 수 있게 하는 성립요건 구조를 취하고 있는 동시에 해당 규정에 대한 해석론과 판례 모두 결핍한 상황이다. 그러나 신탁업은 고령화로 인한 인구구조의 변화로 인해 새로운 전환기를 맞이하고 있다. 고령화의 진전으로 개인 운용자산의 중장기화가 진행되면서 단순한 소매금융업무에서 자산 운용 위주로 전환이 예상되어 신탁업의 중요성이 증대되고 있다. 이처럼 신탁업 발전의 중요한 전환점이 되고 있는 시점에서 신탁법리를 악용하여 채무를 회피하는 사례도 점점 많아질 것이라고 예상된다.

중국 현행 신탁법상 사해신탁제도는 구체성이 떨어지고 각 이해관계자들 사이의 이익관계를 균형있게 다루고 있지 않다. 신탁당사자와 그들의 채권자가 갖고 있는 권리의 내용은 서로 독립적인 것이 아니라 밀접하게 연쇄적으로 관계되기 때문에 균형적이고 합리적인 이익조정이 극히 중요하다. 따라서 현행법을 개선하기 위한 사해신탁취소권에 대한 적극적인 법 해석과 예측가능성을 확보할 수 있는 조문의 재구성이 필요하면서도 시급하다.

참고문헌

◆ 국내문헌

단행본

김재희 · 이동찬, 『부동산신탁의 이해』, 리북스도서출판, 2014.
김주학, 『기업도산법』, 법문사, 2012.
김택수 · 이동준 · 오세욱, 『기업회생 이론과 실무』, 삼일인포마인, 2019.
노영보, 『도산법 강의』, 박영사, 2018.
무궁화신탁법연구회 · 광장신탁법연구회, 『주석 신탁법』, 박영사, 2021.
법무부, 『신탁법 개정안 해설』, 법무부 상사법무과, 2010.
법무부, 『신탁법 해설』, 법무부, 2012.
법원행정처, 『신탁법 개정을 위한 입법자료』, 법원행정처, 2009.
서울중앙지방법원 파산부 실무연구회, 『회생사건실무』 상, 박영사, 2011.
송현진 · 유동규, 『(條解) 신탁법: 이론 · 판례 · 실무』, 진원사, 2014.
新井 誠, 안성포 역, 『신탁법』, 전남대학교출판부, 2011.
오수근 · 한민 · 김성용 · 정영진, 『도산법』, 한국사법행정학회, 2012.
오영걸, 『신탁법』, 홍문사, 2021.
이계정, 『신탁의 기본법리에 관한 연구』, 경인문화사, 2017.
이순동, 『채권자취소권』, 육법사, 2012.
이연갑, 『신탁법상 수익자 보호의 법리』, 경인문화사, 2014.
이영경, 『사업신탁의 법리』, 경인문화사, 2019.

이재욱, 『신탁법 실무』, 법률정보센터, 2013.
이재욱·이상호, 『신탁법 해설』, 한국사법행정학회, 2000.
이중기, 『신탁법』, 삼우사, 2007.
이중기·이영경, 『신탁법』, 삼우사, 2022.
임채웅, 『신탁법연구』, 박영사, 2009.
전병서, 『도산법』, 문우사, 2016.
정순섭, 『신탁법』, 지원출판사, 2021.
정순섭·노혁준, 『신탁법의 쟁점』 1, 소화, 2015.
_____, 『신탁법의 쟁점』 2, 소화, 2015.
최수정, 『신탁법』, 박영사, 2019.
_____, 『일본 신신탁법』, 진원사, 2007.
최호석, 『실무자를 위한 신탁법』, 한국법학교육원 올에듀넷, 2014.
홍유석, 『신탁법』, 법문사, 1999.

논문

김봉철·왕석동, 「신탁법상 유한책임신탁의 내용과 문제점에 관한 고찰」, 『법학논고』 제44집, 경북대학교 법학연구원, 2013.

김이수, 「상사신탁(商事信託)에 비추어 본 신탁법(信託法) 제(第)8조(條) 사해신탁(詐害信託) 법리(法理)의 재구성(再構成) -토지개발신탁(土地開發信託)을 대상(對象)으로 하여-」, 『상사판례연구』 제22권 제3호, 한국상사판례학회, 2009.

김태진, 「사해신탁취소권에 관한 개정 신탁법의 해석과 재구성」, 『선진상사법률연구』 제59권, 법무부, 2012.

김태진, 「유한책임신탁에 대한 검토와 신탁법 개정을 위한 시사점」, 『중앙법학』 제11권 제3호, 중앙법학회, 2009.

류창호, 「신탁법상 수탁자의 책임재산에 관한 연구」, 『법학연구』 제27권 제1호, 충남대학교 법학연구소, 2016.

문기주, 「개정 신탁법상 수익권 양도 시 수익자의무의 이전 여부 및 범위에 관한 고찰 - 수익자의 수탁자에 대한 비용상환 및 보수지급 의무를 중심으로-」, 『BFL』 제65권, 서울대학교 금융법센터, 2014.

배성호, 「채권자취소권에 있어서 특정물채권의 피보전채권성」, 『인권과 정의』 332호, 대한변호사협회, 2004.

안성포, 「사해신탁의 취소와 수익자보호-일본 신신탁법을 중심으로-」, 『증권법연구』 제9권 제2호, 한국증권법학회, 2008.

양형우, 「사해신탁과 부인권의 관계」, 『민사법학』 제61호, 한국민사법학회, 2012.

오창석, 「개정 신탁법의 실무상 쟁점: 개정 신탁법상 사해신탁취소제도의 개관」, 『BFL』 제62권, 서울대학교 금융법센터, 2013.

_____, 「개정신탁법상 사해신탁제도에 관한 소고」, 『금융법연구』 제6권 제2호, 한국금융법학회, 2009.

이근영, 「신탁수익권의 양도에 관한 고찰」, 『비교사법』 제22권 제1호, 한국비교사법학회, 2015.

이중기, 「사해신탁에 대한 취소와 원상회복」, 『비교사법』 제14권 제1호, 한국비교사법학회, 2007.

_____, 「신탁채권자에 대한 수탁자의 책임: 책임재산한정특약의 효력과 신탁의 도산절차상 처리를 중심으로」, 『민사판례연구』 제28호, 민사판례연구회, 2006.

임채웅, 「사해신탁의 연구」, 『법조』 제55권 제9호, 법조협회, 2006.

정다영, 「프랑스 민법상 채권자취소권 제도」, 『민사법학』 제67호, 한국민사법학회, 2014.

정순섭, 「신탁의 기본구조에 관한 연구」, 『BFL』 제17권, 서울대학교 금융법센터, 2006.

최수정, 「신탁법 개정 제안」, 『법제연구』 제54호, 한국법제연구원, 2018.

_____, 「채권자취소권의 관점에서 본 신탁법상의 취소제도-사해신탁취소권을 중심으로-」, 『저스티스』 통권 제155호, 한국법학원, 2016.

한 민, 「사해신탁의 취소와 부인 - 채무자회생법 개정안에 관한 주요 논점을 중심으로 -」, 『BFL』 제53권, 서울대학교 금융법센터, 2012.

한상곤, 「사해신탁취소권의 행사에 관한 법적 고찰」, 『경희법학』 제49권 제3호, 경희대학교 법학연구소, 2014.

◆ 외국문헌

단행본

黄 立, 『民法债编总论』, 中国政法大学出版社, 2002.

韩长印, 『破产法学』, 中国政法大学出版社, 2016.

韩世远, 『合同法总论(第四版)』, 法律出版社, 2018.

何宝玉, 『信托法原理研究』, 中国法制出版社, 2015.

_____, 『信托法原理与判例』, 中国法制出版社, 2013.

沈德咏·奚晓明 编, 『最高人民法院关于合同法司法解释(二)理解与适用』, 人民法院出版社, 2009.

邹海林, 『破产法——程序理念和制度结构解析』, 中国社会科学出版社, 2016.

崔建远, 『合同法总论：中卷』, 中国人民大学出版社, 2016.

_____,『合同法(第六版)』, 法律出版社, 2016.
陈向聪,『信托法律制度研究』, 中国检察出版社, 2007.
周小明,『信托制度比较法研究』, 法制出版社, 1996.
_____,『信托制度: 法理与实务』, 法制出版社, 2012.
赵廉慧,『债法总论要义』, 中国法制出版社, 2009.
_____,『信托法解释论』, 中国法制出版社, 2015.
齐树洁,『破产法』, 厦门大学出版社, 2007.
齐 明,『破产法学: 基本原理和立法规范』, 华中科技大学出版社, 2013.
全国人大信托法起草工作组,『〈中华人民共和国信托法〉释义』, 中国金融出版社, 2001.
张善斌,『破产法研究综述』, 武汉大学出版社, 2018.
魏振瀛,『民法』, 北京大学出版社, 2010.
王洪亮,『债法总论』, 北京大学出版社, 2016.
王志诚,『信托法(第九版)』, 五南图书出版公司, 2021.
王志诚・赖源河,『现代信托法论』, 中国政法大学出版社, 2002.
王延川,『破产法理论与实务』, 中国政法大学出版社, 2009.
王利明,『合同法研究(第二卷)』, 中国人民大学出版社, 2015.
_____,『债法总则』, 中国人民大学出版社, 2016.
王家福 主 编,『中国民法学・民法债权』, 法律出版社, 1991.
杨立新,『债法』, 中国人民大学出版社, 2018.
徐根才,『破产法实践指南』, 法律出版社, 2016.
谢哲胜,『信托法』, 元照出版公司, 2014.
史尚宽,『债法总论』, 中国政法大学出版社, 2000.
卞耀武 主 编,『中华人民共和国信托法释义』, 法律出版社, 2002.
米倉明,『信託法の新展開』, 商事法務, 2008.
林诚二,『民法债编总论-体系化解说』, 中国人民大学出版社, 2003.
李永军,『债权法』, 北京大学出版社, 2016.
李永军・李欣新・邹海林・徐阳光,『破产法』, 中国政法大学出版社, 2017.
李少伟 主 编,『民法学教程(第三版)』, 法律出版社, 2017.
廖世昌・郭姿君,『信托实务案例分析』, 元照出版公司, 2016.
谭振亭,『信托法』, 中国政法大学出版社, 2010.
金建栋・马鸣家,『中国信托投资机构』, 中国金融出版社, 1992.
江 平,『民法学』, 中国政法大学出版社, 2019.
我妻荣, 王燚译,『新订债权总论』, 中国法制出版社, 2008.
最高人民法院民法典贯彻实施工作领导小组主 编,『中华人民共和国民法典合同编理解与

적용』, 人民法院出版社, 2020.

논문

赵廉慧,「信托受托人对第三人责任机理研究」,『广东社会科学』, 广东省社会科学院, 2016年第4期.

赵磊·朱小丫,「融资类信托的风险成因及其法律规制」,『扬州大学学报(人文社会科学版)』, 扬州大学, 2020年第4期.

张　鸣,「民事信托在我国的发展历史及几个问题」,『中国公证』, 中国公证协会, 2020年第9期.

云晋升,「论债权人撤销权行使的法律效果——以〈民法典〉第542条为中心的分析」,『社会科学』, 上海社会科学院, 2022年第3期.

余励娟,「试论信托投资公司在世纪之交的生存与发展」,『经济体制改革』, 四川省社会科学院, 1999年第S2期.

杨　丽,「破产程序中撤销权的根据及其构成要件」,『法制与社会』, 云南省人民调解员协会, 2008年第24期.

熊　伟,「我国金融制度变迁过程中的信托投资公司」,『经济研究』, 中国社会科学院经济研究所, 1998年第8期.

邢　成,「服务信托展业模式与业务边界」,『中国金融』, 中国金融出版社, 2021年第20期.

巫云仙,「新中国金融业70年-基于制度变迁和改革开放的历史逻辑」,『政治经济学评论』, 中国人民大学, 2019年第10卷第4期.

魏小军,「自益信托的债务隔离问题探析」,『商场现代化』, 中国商业联合会, 2016年第22期.

王欣新,「破产撤销权研究」,『中国法学』, 中国法学会, 2007年第5期.

王欣新·李江鸿,「论破产重整中的债务人自行管理制度」,『政治与法律』, 上海社会科学院法学研究所, 2009年第11期.

王洪亮,「〈民法典〉第538条(撤销债务人无偿行为)评注」,『南京大学学报(哲学·人文科学·社会科学)』, 南京大学, 2021年第6期.

唐谷军,「中国信托投资的历史与现状分析」,『生产力研究』, 山西社会科学报刊社, 2012年第9期.

申卫星,「论债权人撤销权的构成——兼评我国『合同法』74条」,『法制与社会发展』, 吉林大学, 2000年第2期.

乔博娟,「论破产撤销权之行使——兼析〈最高人民法院关于适用『企业破产法』若干问题的规定(二)〉」,『法律适用』, 国家法官学院, 2014年第5期.

龙　俊,「民法典中的债之保全体系」,『比较法研究』, 中国政法大学比较法研究所, 2020年第4期.

何　飞,「债权人撤销权的成立要件及其举证责任分配」,『人民司法』, 最高人民法院, 2013年第6期.

韩长印,「破产撤销权行驶问题研究」,『法商研究』, 中南财经政法大学, 2013年第1期.

韩世远,「债权人撤销权研究」,『比较法研究』, 中国政法大学比较法研究所, 2004年第3期.

崔建远,「论债权人撤销权的构成」,『清华法学』, 清华大学, 2020年第3期.

陈韵希,「论民事实体法秩序下偏颇行为的撤销」,『法学家』, 中国人民大学, 2018年第3期.

下森定·钱伟荣,「日本民法中的债权人撤销权制度及其存在的问题」,『清华法学』, 清华大学, 2004年第1期.

武　飞,「中国信托业发展的历史演进」,『浙江金融』, 浙江省金融学会, 2013年第8期.

아시아
태평양법
연구시리즈 **10**

중국
사해신탁제도에
대한 연구

초판1쇄 발행 2025년 11월 25일

지은이 김춘매

주간 조승연
편집·디자인 오경희·조정화·오성현
　　　　　　신나래·박선주·정성희
관리 박정대

펴낸이 홍종화
펴낸곳 민속원
창업 홍기원
출판등록 제1990-000045호
주소 서울 마포구 토정로25길 41(대흥동 337-25)
전화 02) 804-3320, 805-3320, 806-3320(代)
팩스 02) 802-3346
이메일 minsokwon@naver.com
홈페이지 www.minsokwon.com

ISBN 978-89-285-2184-5 94360
SET 978-89-285-1113-6

ⓒ 김춘매, 2025
ⓒ 민속원, 2025, Printed in Seoul, Korea

이 책은 저작권법에 따라 보호를 받는 저작물이므로 무단전재와 복제를 금지하며,
이 책의 전부 또는 일부를 이용하려면 반드시 저작권자와 출판사의 서면동의를 받아야 합니다.